地球新發現之旅

What am I fe...

U0076792

日本
絕景之旅

The Greatest Landscape of Japan

用2天1夜出發欣賞美景吧！

掛保證 絕景達人

人人出版

旅行的時間

旅行是什麼呢?
在旅行中度過的時間又有什麼樣的意義呢?

酷愛美酒與旅行的作家吉田健一在《旅行的時間》這本短篇選集中,
搜盡枯腸地思索了這個主題。
他認為,在旅途中或旅行目的地,會有一段獨特的「有所感的時間」,
另外還會有「快速和諧的時間」、「與自己對話的時間」、
「流動進入另一個世界的時間」、「喚醒過去回憶的時間」、
「決定人生方向的時間」等等。
根據旅行時遇到的人、物或是街道、建築、風景等,
有別於日常生活的感受孕育出了這些特別的時光,
它們都是別具意義、不計其數的「旅行的時間」,
例如,在《巴黎》這個故事中登場的畫家有一段自問自答,
「你不覺得時間流逝的感覺在旅行時也變得不一樣了嗎?」
「當你沉浸在那樣的一幅畫中,時間的流逝自然變慢了。」
作者想表達的是,因為心中有了「畫」,畫中便存在著具有獨特性格的「時間」。
另外,作者對於在《紐約》的酒吧中流逝的時間也有這樣的看法。
腦海中的某處一直惦記著旅行的目的地,
到了自己真的抵達時,才湧現出「終於可以鬆口氣」的感覺,
「或許人就是因為這樣而旅行的吧」。

西行法師在旅途中行經那須時創作了這首和歌。

　原本只打算在流水畔的柳樹下小歇片刻，但實在太過舒服，讓我不知不覺停留許久

由於被路旁柳樹的雅緻風情觸動，西行因而在此佇足，

結果沉醉在潺潺水聲與柳樹構成的療癒風景中，令他捨不得離開。

這段「小歇片刻」的時光，正是「旅行的時間」。

數百年後，因景仰西行而前往東北旅行的松尾芭蕉也造訪了同一地點並寫下俳句，似乎

在向當年的西行致敬。

　我來到西行當年創作和歌的柳樹下，沉浸在思古之幽情中

　等到回過神來，整片田都已經插完秧了

這也是芭蕉在緬懷當時正在欣賞柳樹的西行時，在此所擁有的「旅行的時間」。

這兩頁的照片，是位於熊本可稱為絕景的「鍋之瀑布」，

而且是從瀑布的後方拍攝的。（從正面觀看的景色請見P.136的介紹。）

像這樣可以從背面觀賞的瀑布稱為「裏見瀑布」（裏見の滝）。

芭蕉在《奧之細道》中也曾讚詠

　置身瀑布後方的洞穴中，讓人想仿效在夏天修行的僧侶

　在這裡待上一段時間靜坐冥想

雖然芭蕉造訪的並非鍋之瀑布，而是在參拜日光東照宮後登山所抵達的瀑布，

但此處也以能從後方欣賞瀑布景色而聞名。

這首俳句中的「一段時間」自然也是「旅行的時間」。

「置身瀑布洞穴內」這句，是源自僧侶在瀑布後方閉關修行的傳統。

對於旅人芭蕉而言，旅行是人生的宿命，也是活得風雅的實踐之道，

前往奧之細道的這趟旅程，本身更是如同修行般的試煉。

不過，芭蕉當然沒有在瀑布後方修行。

他應該只是揣摩僧侶修行的意境，在瀑布後待了一會兒，

以詼諧的方式傳達造訪「裏見瀑布」的經歷。

雖然幽默的筆觸是芭蕉擅長的手法，不過這個「一段時間」，

肯定是芭蕉的人生片段中，匯集了各式各樣思緒的「旅行的時間」。

世界上有多少位旅人、多少幅旅人見過的風景，就有多少「旅行的時間」。

相信《日本絕景之旅》也會在你心中刻畫出一段獨一無二的「旅行的時間」。

地球新發現之旅
What am I feeling here?

日本
絕景之旅

目次

本書相關說明

本書刊載的資訊於2014年7～8月調查、確認，書中介紹之設施等的營業時間、各項費用及交通資訊、地圖資訊等可能會在出版後有所更動，出發請先確認最新資訊。雖然力求刊載內容之完善，但因書中資訊而造成之損失、個人問題，歉社概不負責，敬請理解。●交通工具所需時間、班次可能會因季節、時段而有變動，請以實際狀況為準。●書中所推薦之季節、時間僅為參考。此外，每年的開花時期等皆會有所不同，請事前確認。●行程範例包含了絕景景點的周邊觀光地，可在擬訂行程時列入參考，並依出發地或季節等調整內容。●照片可能會隨季節、時段、拍攝地點等因素，與實際造訪時的風景存有差異。

CONTENTS

日本 絕景之旅MAP
季節交替與壯麗的大自然孕育出的絕景帶來滿滿感動！

鳥取
島根
岡山 兵庫
山口
德島 香川
佐賀 福岡 大分
長崎 愛媛 高知
熊本
宮崎
鹿兒島

鹿兒島

沖繩

北海道

1 知床半島
→8 北海道

3 野付半島的
椴原
→16 北海道

17 釧路濕原
→60 北海道

19 美瑛・
四季彩之丘
→68 北海道

22 北龍町的
向日葵之里
→78 北海道

30 禮文島
→98 北海道

37 鄂霍次克海的
流冰
→120 北海道

40 阿寒湖的霜花
→128 北海道

53 TAUSYUBETSU
橋
→174 北海道

58 摩周湖
→190 北海道

關東・甲信越

18 尾瀬之原
→64 群馬／
福島／新潟

23 羊山公園的
芝櫻
→80 埼玉

24 國營常陸海濱
公園的粉蝶花
→82 茨城

32 佐渡島
→104 新潟

33 青島
→108 東京

41 マックラ瀑布
→132 栃木

43 七釜五段瀑布
→138 山梨

50 昇仙峽
→164 山梨

56 上高地的大正池
→182 長野

61 星峠的梯田
→204 新潟

62 下栗之里
→206 長野

東北

4 北山崎／
淨土之濱
→18 岩手

15 八幡平
→54 岩手／秋田

26 橫濱町的
油菜花田
→86 青森

34 松島
→110 宮城

38 八甲田山的
樹冰
→124 青森

39 橫手的雪屋
→126 秋田

49 猊鼻溪
→160 岩手

55 十二湖的青池
→178 青森

57 十和田湖
→186 青森／秋田

59 五色沼
→194 福島

48 黑部峽谷
→156 富山

60 白川鄉
→198 岐阜

64 白米千枚田
→212 石川

7

所在地

知床半島周圍盡是壯麗的自然景
觀，可以搭乘觀光船從海上欣賞
觸動人心的風景

廣闊森林與壯觀景色的寶庫
同時也是稀有動物最後的樂園

這座突出於鄂霍次克海的半島周邊的海域，流冰帶來的養分孕育出了許多浮游生物，吸引魚群及海豹前來，與捕食鮭魚的棕熊及狐狸等共同打造出囊括了陸地、河川、海洋的大型食物鏈。半島中央聳立著知床連山，山頂到海邊全被原生樹林所覆蓋。這稀有的自然環境在國際上受到了高度評價，因此包括周邊海域在內都被登錄為世界自然遺產。半島北部更是連道路都沒有的秘境，海浪則粗暴地在西部切割出連綿的斷崖絕壁。搭乘遊船可以欣賞到從斷崖飛瀉而下的カシュニ瀑布，也可看到棕熊的身影等，讓人懾服於大自然的震撼光景。遊覽知床五湖、羅臼賞鯨行程等親近自然的旅遊路線也很有人氣。

ℹ️ 如何取得最新資訊

知床斜里町觀光協會　📞0152-22-2125
知床自然中心　📞0152-24-2114
🏠 北海道斜里郡斜里町遠音別村岩宇別531
知床羅臼町觀光協會　📞0153-87-3360
🏠 北海道目梨郡羅臼町本町361-1

🍀 趁夏天造訪知床五湖吧　　季節／時間

1	2	3	4	5	6	7	8	9	10	11	12

新綠（5月～）到紅葉（9～10月）季節的風景十分優美，百花盛開的6～8月更是觀光旺季。遊覽知床五湖在不同時期有各項限制，須先做確認（→P.13）。羅臼賞鯨行程在8～9月比較有機會看到抹香鯨。

賞花時節　水芭蕉　4月下旬～5月
蝦夷透百合　6月下旬～7月上旬　玫瑰　7月

👟 請和野生動物保持距離　　貼心叮嚀

知床半島可能會有局部地區的異常氣象狀況，請事前確認天候，並在擬訂行程時一併將變更、中止等狀況考量進去，切勿涉險。整座知床半島都是棕熊等野生動物的棲息地，請絕對不要靠近或餵食野生動物，這樣不僅會干擾他們的生活，而且十分危險。夏天也請穿著長袖、長褲，以避免蜜蜂、蚊蟲叮咬。

絕景達人教你玩

左：片山小姐（知床財團）

可將斷崖、山巒景色盡收眼底的Furepe瀑布為知床八景之一，是值得推薦的景點。沿著步道走到展望台能眺望四周景色。位在Furepe瀑布附近的知床自然中心也可提供能幫助遊客了解知床的大自然、並能安全遊玩的資訊，遊覽之前不妨先過來看看。

	1		
2		4	5
3			6

1 知床五湖是約4000年前硫磺山山崩時產生的低窪所形成
2 從遊船上能欣賞到直接入注進海中的カシュニ瀑布等景色
3 硫磺山湧出的溫泉流入了神之水溫泉瀑布
4 從上空俯瞰知床五湖
5 棕熊是知床陸地上的霸主
6 知床五湖的高架木道

可從女滿別機場搭乘直達巴士　　交通

■ 女滿別機場搭乘網走巴士／斜里巴士知床 Airport Liner 至宇登呂溫泉約2小時10分
■ 羅臼搭乘斜里巴士／阿寒巴士至宇登呂溫泉約50分

從女滿別機場前往宇登呂有直達巴士，從中標津機場前往則僅有路線巴士，且必須轉乘2次（約5小時）。若租車自駕，距離女滿別機場或中標津機場車程約1小時50分。

陸地與海上都可遠眺絕景　　行程範例

第1天

上午　**大啖宇登呂的新鮮海產**
從女滿別機場搭乘巴士前往宇登呂，午餐就享用當地海產。

下午　**邊散步邊飽覽宇登呂的自然之美與風景**
搭乘路線巴士可到達宇登呂附近的風景名勝。首先前往知床五湖，聽完說明後可沿著地面步道遊覽知床五湖，並於展望台眺望Furepe瀑布，在Cape Puyuni欣賞沒入海中的夕陽。晚上下榻於宇登呂的溫泉飯店。

第2天

上午　**從船上觀看震撼人心的半島自然景觀**
早上搭乘知床半島遊船，遊船會行駛至知床岬，可在船上細細觀賞壯闊的斷崖、瀑布等。

下午　**橫越半島前往羅臼**
搭乘巴士沿知床橫斷道路翻越知床峠前往羅臼。在クジラの見える丘公園等地欣賞海景後，住宿於羅臼。

第3天

上午　**在羅臼邂逅海豚、鯨魚、野鳥**
參加羅臼的賞鯨等大自然遊船行程，近在眼前的海豚、鯨魚讓人感動不已。

下午　**帶著知床伴手禮踏上歸途**
在公路休息站 知床・らうす採購伴手禮後打道回府。

能在**知床**遇見的各種**動物**

這裡有棕熊、蝦夷鹿等許多只有北海道才見得到的動物，不妨參加遊船或健行行程尋找牠們的身影。

棕熊　　北狐　　虎頭海鵰

蝦夷鹿　　斑海豹　　虎鯨

這樣玩更有意思♪

知床半島遊船

搭乘小型或大型船隻欣賞知床半島西岸風光，有斷崖、奇岩、瀑布及野生棕熊、海豚等各式各樣從陸地上看不到的大自然景觀。各公司皆提供了1～4小時的行程。
CRUISER觀光船 DOLPHIN ☎ 0152-22-5018
哥吉拉岩觀光 ☎ 0152-24-3060
知床世界遺產遊輪FOX ☎ 0152-24-2656
知床遊覽船 ☎ 0152-24-3777
知床觀光船極光號(道東觀光開發) ☎ 0152-24-2147

划艇

乘坐初學者也很容易操作的小型獨木舟，並有可以近距離觀賞斷崖、瀑布的體驗行程。

原生林健行

可漫步在遍布於知床半島的原生林間，也有在導遊帶領下攀登知床群山的行程。

賞鯨

羅臼有許多觀光船能讓遊客欣賞到可愛的海豚及鯨魚騰躍海上的身影。
知床自然遊輪 ☎ 0153-87-4001

精選推薦景點

體驗壯闊自然之美
知床五湖　しれとこごこ

> 從ウトロ溫泉バスターミナル
> 搭乘斜里巴士約25分

座落於原生林間的5座湖泊，周邊有棕熊、蝦夷鹿等各種野生動物棲息。遊覽此處有2種方式，可自由欣賞的高架木道全長約800m，能欣賞到其中一座湖泊與知床連山的景色。另一種是有限制條件的地面步道一圈約3km。

自斷崖直瀉入海的瀑布
Furepe瀑布　フレペのたき

> 從ウトロ溫泉バスターミナル
> 搭乘斜里巴士約10分，知床自然センター巴士站步行約20分

融化的雪水及雨水從約100m的斷崖裂縫傾瀉而下，看起來有如滴落的淚水，因此獲得了「少女之淚」的暱稱。

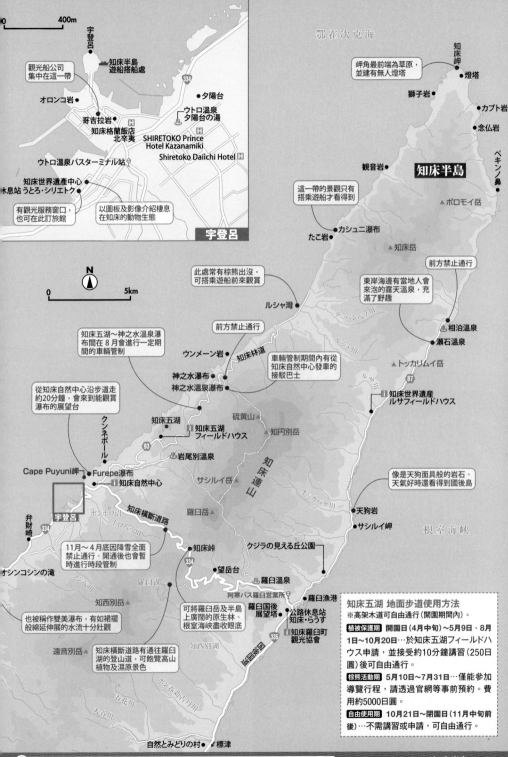

400m

宇登呂

知床半島
遊船搭船處

觀光船公司
集中在這一帶

オロンコ岩

夕陽台

哥吉拉岩
知床格蘭飯店
北辛夷

ウトロ温泉
夕陽台の湯

SHIRETOKO Prince
Hotel Kazanamiki
Shiretoko Daiichi Hotel

ウトロ温泉バスターミナル站

知床世界遺産中心
木息站うとろ・シリエトク

有觀光服務窗口，
也可在此訂旅館

以圖板及影像介紹棲息
在知床的動物生態

宇登呂

鄂霍次克海

知床岬

岬角最前端為草原，
並建有無人燈塔

燈塔

獅子岩

カブト岩

念仏岩

觀音岩

知床半島

ペキンノ鼻

這一帶的景觀只有
搭乘遊船才看得到

ボロモイ岳

カシュニ瀑布

たこ岩

知床岳

前方禁止通行

東岸海邊有當地人會
來泡的露天溫泉，充
滿了野趣

相泊溫泉

瀬石溫泉

N

0   5km

此處常有棕熊出沒，
可搭乘遊船前來觀賞

ルシャ灣

前方禁止通行

知床五湖～神之水溫泉瀑
布間在8月會進行一定期
間的車輛管制

ウンメーン岩

知床林道

テッパンベツ川

ルシャ川

車輛管制期間內有從
知床自然中心發車的
接駁巴士

トッカリムイ岳

ルサ川

從知床自然中心沿步道走
約20分鐘，會來到能觀賞
瀑布的展望台

神之水瀑布
神之水溫泉瀑布

**知床世界遺産
ルサフィールドハウス**

クンネポール

知床五湖

硫黃山

知床五湖
フィールドハウス

知円別岳

知床連山

岩尾別溫泉

サシルイ岳

Cape Puyuni岬

Furepe瀑布

知床自然中心

像是天狗面具般的岩石。
天氣好時還看得到國後島

宇登呂

ポンホロ沼

羅臼岳

オロホンベツ川

天狗岩

サシルイ岬

根室海峡

弁財崎

知床横斷道路

11月～4月底因降雪全面
禁止通行。開通後也會暫
時進行時段管制

知床峠

334

クジラの見える丘公園

オシンコシンの滝

羅臼湖

334

望岳台

羅臼溫泉

羅臼川

也被稱作雙美瀑布，有如裙擺
般綿延伸展的水流十分壯觀

遠音別岳

知床横斷道路亦通往羅臼
湖的登山道，可飽覽高山
植物及濕原景色

知西別岳

阿寒巴士羅臼營業所

羅臼漁港

羅臼國後
展望塔

公路休息站
知床・らうす

可將羅臼岳及半島
上廣闊的原生林、
根室海峡盡收眼底

知床羅臼町
觀光協會

335

羅臼國後園

ポン宇宙別川

春花川

大谷川

自然とみどりの村

標津

知床五湖 地面步道使用方法

※高架木道可自由通行（開園期間內）。

植被保護期 開園日（4月中旬）～5月9日、8月
1日～10月20日…於知床五湖フィールドハ
ウス申請，並接受約10分鐘講習（250日
圓）後可自由通行。

棕熊活動期 5月10日～7月31日…僅能參加
導覽行程，請透過官網等事先預約。費
用約5000日圓。

自由使用期 10月21日～閉園日（11月中旬前
後）…不需講習或申請，可自由通行。

所在地

2 海的另一邊聳立著立山連峰
氣勢驚人的存在感令人屏息

富山

あまはらしかいがん

雨晴海岸

3000m級的立山連峰映入眼簾
全球少有的美景海岸

　　岩礁錯落在廣闊的白沙灘間，這裡的海岸線是生長著蒼翠青松的風景名勝，也入選了日本百大海灘。富山灣的另一邊是壯麗的立山連峰，並與佇立在海中的女岩相映成趣。身為歌人的大伴家持曾前往高岡擔任越中國司，他也創作過多首和歌讚詠此地美景，畫家橫山大觀也曾於其畫作《雨晴義經岩》中描繪此處風景。

 如何取得最新資訊

雨晴站觀光服務處　📞0766-44-0659
📍富山縣高岡市渋谷105-5（雨晴站）

覆蓋著白雪的山巔美不勝收　　季節／時間

1	2	3	4	5	6	7	8	9	10	11	12

雨晴海岸一年四季的景觀各有特色，不過立山連峰披上了白雪外衣的冬季～初春是最值得推薦的時節。12～2月前後的寒冷清晨常可以看到因海水與大氣的溫差而產生的蒸氣霧。

賞景地點就在雨晴站旁　　貼心叮嚀

濱海道路寬度較窄、車流量大，請多加注意。若租車自駕，可停放在高岡市雨晴マリーナ的停車場。義經岩附近的停車場車位較少，敬請留意。

據說因源義經曾在前往奧州途中在此地躲雨而命名為「雨晴」。義經岩就位在照片右側的松樹旁

🚗 也可以從冰見線列車上欣賞美景　交通

■ 高岡站搭乘 JR 冰見線至雨晴站約20分

冰見線一天運行18班列車。若自行開車，從能越自動車道（高岡砺波道路）高岡北IC或北陸自動車道小杉IC行駛約15～30分可抵達。

✏️ 雨晴周邊景點豐富　行程範例

第1天	下午	**在高岡市內觀光後前往雨晴海岸** 到達高岡站後要先逛逛市區，代表性的景點包括了著名地標高岡大佛及高岡古城公園等。然後搭乘冰見線前往雨晴站。可以沿著海邊散步到義經岩，並從岩洞中眺望風景、拍照留念。
第2天	上午	**在冰見品嘗當令海鮮。若冬天前來別錯過鰤魚** 早上去海邊觀看蒸氣霧，回到下榻處退房後動身前往冰見。在冰見海岸還有機會看到海市蜃樓。午餐就品嘗著名的海鮮料理吧。還可以採買乾貨或水產加工品。
	下午	**在伏木站周邊散步、踏上歸途** 搭乘冰見線往高岡方向前進，中途可在伏木站下車，參觀登錄為有形文化財的高岡市伏木氣象資料館等處。

住宿情報　雨晴站及隔壁的島尾站附近雖然有飯店及民宿，但數量並不多。冰見站周邊也有溫泉旅館。

雨晴海岸　15

3

在自然景觀豐富的半島大地上
逐步走向凋零的冷杉林

のつけはんとうのトドワラ

北海道

野付半島的椴原

隨著地層下陷與風化日趨嚴重
難得一見的絕景或許即將消失?

　　野付半島全長約26km，是日本最大的沙嘴。每年會有多達2萬隻的候鳥造訪此地的海灣，春至秋季有各式各樣花朵盛開，為大地增添繽紛色彩。稱作椴原的冷杉枯木林在這片風光明媚的土地上顯得獨樹一格。這裡過去曾是大片的原生林，但經年累月的地層下陷導致海水灌入，樹木因而枯萎。

i 如何取得最新資訊

野付半島自然中心 ☎0153-82-1270
🗺 北海道野付郡別海町野付63

🍀 周邊景點也非常有看頭　　季節／時間

1	2	3	4	5	6	7	8	9	10	11	12

這裡一年四季都適合前來，特別是6月下旬～7月有眾多花朵綻放，夏季候鳥也會在此時造訪，能欣賞豐富多樣的自然景觀。夏季雖然容易起霧，不過有機會看到野生的斑海豹。冬天則有虎頭海雕等候鳥及流冰等。

賞花時節 **黑百合** 5月下旬～6月中旬 **野決明** 6月上旬～7月下旬 **穗庭花** 6月中旬～7月下旬

夏天也要記得做好禦寒措施　　貼心叮嚀

野付半島即使在7月，有時白天的氣溫也僅有10℃左右，請確實做好禦寒準備。這一帶有時會發生汽車與野生動物的車禍，駕駛時請多加留意。另外也請不要直接踩進花田等，請珍惜、維護當地自然環境。

野付灣內有潮埔及濕原，吸引了眾多候鳥飛來此地，因而登錄於拉姆薩公約中

🚗 租車自駕自由度最高 交通

■ 從中標津機場開車至野付半島自然中心約50分

從中標津機場開車或搭計程車至野付半島自然中心約50分。也可以開車或搭車到尾岱沼，再搭乘遊覽船（僅4月下旬～10月）觀賞椴原。

✏️ 散步、搭傳馬船都是好選擇 行程範例

第1天

上午
從中標津機場前往野付半島自然中心
通往野付半島的道路以美麗的花朵著稱，沿路上可看到各種當季盛開的花朵。途中還會經過椴原（水楢樹的枯木）。

下午
參加自然中心的導覽行程
在自然中心品嘗了著名美食「別海巨無霸帆立貝漢堡」後，參加導覽行程觀賞椴原。

第2天

上午
從和前一天不同的角度觀看椴原
在尾岱沼搭乘傳馬船周遊水深較淺的野付灣。除此之外也有周遊外海的遊覽船行程可選擇。午餐就享用美味的海鮮吧。

下午
採買伴手禮，前往下一個目的地
可以購買別海町著名的乳製品等當作伴手禮。

🛏 **住宿情報** 可以選擇住宿在尾岱沼的溫泉旅館，中標津機場周邊也有飯店。

4

三陸海岸大自然力量的傑作
各異其趣的2大絕景

きたやまざき／じょうどがはま　　　　　　　　　　　岩手

北山崎／淨土之濱

所在地

由於受到山風吹拂，因此斷崖上生長了許多
一般在沿岸地方見不到的高山植物。覆蓋崖
頂的遼闊森林中棲息著日本鬣羚等多種動物
（北山崎）。

北山崎／淨土之濱　19

1 從風光明媚的海岸端望出去的景色。從反方向的外海那一邊望過來，則能看到遭受海水浸蝕、崢嶸嶙峋的岩石（淨土之濱）
2 白雪灑落在絕壁上的景象，即使在冬季也相當罕見（北山崎）
3 佇立於此的流紋岩約在5000萬年前就已生成（淨土之濱）

代表三陸海岸的2大風景名勝 堪稱渾然天成的藝術傑作

位於田野畑村的北山崎，是從田野畑綿延至普代村黑崎，長約8km、高200m的斷崖構成的海岸線。高聳的崖壁、散布在崖下的海蝕洞、巨大的奇岩等大自然經年累月刻鑿出的景觀雄偉壯闊，壯觀得令人讚嘆。楓紅、白雪等不同季節的景緻也充滿魅力。

而淨土之濱此一名稱則是出自300多年前的禪僧靈鏡，讚美此地「宛如極樂淨土」。這處風平浪靜的海灣在稜角分明的白色流紋岩、蒼翠的南部赤松、湛藍澄澈的海水三者相互映襯下，就如同靈鏡所言，美到讓人難以想像這是人世間的景色。

ℹ 如何取得最新資訊

北山崎遊客中心（NPO法人體驗村・田野畑NETWORK）
📞 0194-33-3248　🏠 岩手県下閉伊郡田野畑村北山129-10

淨土之濱遊客中心　📞 0193-65-1690
🏠 岩手県宮古市日立浜町32-69

🍀 出遊旺季會湧入眾多遊客　季節／時間

1	2	3	4	5	6	7	8	9	10	11	12

北山崎及淨土之濱一年四季都可觀光，不過在大型連假或暑假等長假期間，會有大批遊客造訪，冬天有可能因為降雪而造成交通不便。最推薦前來的時間是4～11月，如果特別想欣賞北山崎的美景，空氣清新的9月之後最理想。另外，淨土之濱也是著名的海水浴場，7～8月時會吸引許多戲水的人潮。

👣 觀光時請遵守國立公園的規定　貼心叮嚀

由於北山崎、淨土之濱皆位於三陸復興國家公園內，嚴禁將此處的動植物帶回及丟棄垃圾。另外，淨土之濱在4～10月及全年夜間（18:00～隔日8:00）皆會對進入淨土之濱公園內道路的一般車輛進行管制，請多加留意。

絕景達人教你玩

北山崎在6～7月有時會出現稱作「山背」的霧。這時可以在北山崎遊客中心的高畫質劇院欣賞北山崎的四季風景。6～7月時圍內步道旁綻放的蝦夷石楠花也很有看頭。當地的乳製品及昆布是商店的人氣商品。

體驗村・田野畑的工作人員

開車或搭乘北谷灣線都是好選擇　交通

- 從盛岡站開車至淨土之濱約2小時20分
- 從淨土之濱開車至北山崎約1小時40分

若2處都想造訪，自行開車是最方便的。自駕之外，可從盛岡站搭乘長距離巴士（1小時約1班）與JR山田線（1日9～10班）至宮古站。宮古站至田野畑站可搭乘三陸鐵道北谷灣線，也有許多遊客是專程來搭乘北谷灣線的。

 ### 這樣玩更有意思♪

❀ **Sappa船冒險**
搭乘捕魚用的小船靠近斷崖及岬角，近距離觀賞北山崎震撼人心的景色，約1小時的遊船之旅。
☎9:00～17:00（需預約，現場排隊需洽詢）休無休　費3500日圓（需2名以上）

❀ **宮古淨土之濱 遊覽船**
從淨土之濱航行至姊ヶ崎，在約40分鐘的觀光船航程中，帶領遊客觀賞宮古灣周邊的自然風景名勝。
☎3～11月的週六、週日、週一、假日（行駛4～5班，有季節性變動）
費1250日圓

🍲 **核桃丸子湯**
久慈市的在地美食，是將放了核桃及黑砂糖等材料的丸子與蔬菜等食材一起用醬油基底的湯汁燉煮而成，在北山崎休息站也吃得到。

 ## 從盛岡出發以逆時鐘方向玩　行程範例

第1天	下午	**從盛岡前往宮古，觀賞淨土之濱風光，於周邊過夜** 從盛岡開車前往宮古一帶，抵達淨土之濱後，先欣賞從岸上看出去的景色。然後再搭乘觀光船從海上飽覽淨土之濱等宮古灣的美景。晚上就住宿在周邊的飯店。
第2天	上午	**沿著國道45號開車前往北山崎** 行駛國道45號北上，從宮古前往北山崎。途中順便去公路休息站走走逛逛也不錯。
	下午	**遊覽北山崎、龍泉洞後返回盛岡** 從展望台眺望風景、參加Sappa船冒險等，充分體驗了北山崎的魅力後，驅車開往盛岡方向，中途可順便前往龍泉洞參觀。由於要在鐘乳石洞內行走，建議穿著方便活動的衣物。

※2018年3月時，山田線的宮古～釜石間因施工停駛

精選推薦景點 👟

日本三大鐘乳石洞之一
龍泉洞 りゅうせんどう

從北山崎開車約50分

被指定為國家天然紀念物的鐘乳石洞，還可一睹水呈鮮豔寶藍色的3座地底湖。

有如屏風般連綿的斷崖
鵜之巢斷崖 うのすだんがい

從北山崎開車約40分

與北山崎同為代表三陸海岸的風景名勝，由於有海鵜（丹氏鸕鷀）在崖壁上築巢，故得此名。

 住宿情報　飯店及旅館等住宿設施集中在宮古站周邊、龍泉洞所在的岩泉町。

5

可眺望太平洋的廣闊草原上
有日本在來馬閒適地在此生活

といみさき

都井岬

被藍天、大海、綠意盎然的大自然所圍繞，宮崎最南端的世外桃源

御崎馬為現存的日本在來馬之一，可於都井岬見到牠於草原上放牧的身影。據說最初是江戶時代的高鍋藩為飼育軍馬而開始放牧，現在約有100匹棲息於此。馬兒們吃草、群集的模樣有種撫慰人心的神奇力量。

佇立於岬角的都井岬燈塔是九州唯一一座可以參觀內部的燈塔，天氣好時還能遠眺種子島。

如何取得最新資訊

都井岬遊客中心（馬館）　☎0987-76-1546
📍 宮崎縣串間市大納42-1

小馬會在春天出生　　　　　季節／時間

1	2	3	4	5	6	7	8	9	10	11	12

都井岬一年四季都適合前來，繡球花公路上的繡球花會在5月中旬綻放。如果想看小馬的話，建議在母馬的生產季節造訪。3～8月，尤其4～5月是最多小馬出生的時節。

接近御崎馬時請多加留意　　　貼心叮嚀

據說馬除了看不到正後方外，其視角可達350度，而且馬特別討厭有東西從後方靠近，因此最好從遠處觀察，不要太過靠近，以免被咬、被踢。另外，被人類馴養的御崎馬並不怕人，反而會主動靠近，但請勿輕率餵食馬兒。都井岬遊客中心（馬館）會舉辦觀察野生馬及健行等野外導覽行程，建議事前以電話洽詢。

御崎馬至肩部的高度約130cm，與賽馬的純種馬相比體型較小

 ## 沿海岸線來趟暢快的南國兜風　　交通

從宮崎機場開車至都井岬約2小時

若是自行開車，只要從宮崎機場沿日南海岸行駛日南鳳凰大道（國道220號，於南鄉連接國道448號）南下即可。路旁種有南國的樹木，散發出度假海灘般的氣息。若搭乘電車，則是在串間站轉乘串間市Community Bus，至都井岬40分。巴士1天行駛3～5班。

日南鳳凰大道走透透　　行程範例

第1天

上午　從宮崎機場沿日南鳳凰大道南下
先前往亞熱帶植物圍繞的青島神社參拜。

下午　**走訪摩艾石像、油津等沿海觀光景點**
在SUN MESSE日南享用午餐、摸摸摩艾石像祈求好運後繼續往南，在油津的漁村逛逛充滿懷舊風情的港灣小鎮，當晚住宿於日南海岸的旅館。

第2天

上午　**終於要朝都井岬出發，禮讚晨光後前往幸島**
先搭乘渡船前往以會洗地瓜的野生猴子聞名的幸島。然後來到日南鳳凰大道的終點都井岬。在都井岬燈塔眺望壯闊景色後，於燈塔旁的餐廳用餐。

下午　**參加都井岬健行之旅**
前往都井岬遊客中心（馬館），報名參加可以看到御崎馬的體式健行之旅。

6

泥灘與夕陽共同打造出
如夢似幻的光影世界

おこしきかいがん　　　　　　　　　熊本

御輿來海岸

美麗的圓弧狀紋路
是波浪與風留下的藝術傑作

　　御輿來海岸位於宇土半島北側，是在網田周邊一處風平浪靜、綿延約5km的海岸。有明海在日本屬於潮汐高低落差特別大的海域，因此產生了沙紋層層曲折的泥灘，乾潮時在淺灘上放眼望去，舉目所及盡是美麗的波紋。特別是夕陽適逢乾潮時，可以看到殘留在泥灘上的海水被染成一片暗紅的絕美景色。

i 如何取得最新資訊

宇土市經濟部商工觀光課
☎0964-22-1111(總機)

 確認日落與乾潮重疊的日子　　季節／時間

1	2	3	4	5	6	7	8	9	10	11	12

這裡雖然一整年都能來，不過還是在有夕陽美景時造訪最棒。而被稱為絕景的最佳時間點，則是大潮的乾潮與日落時間重疊的日子。這種日子一年只有數十天，以1～4月較多。宇土市觀光情報網站上可查到乾潮與日落時間，不妨先上網確認好日期再安排出遊。乾潮時間的前後1小時是最佳觀賞時刻。

 認明「干潟景勝之地」的看板　　貼心叮嚀

網田站東北方，國道57號（天草街道）旁的市民運動場前有「干潟（即為泥灘之意）景勝之地」的看板，依指示前進便會到達攝影景點。不過附近某些攝影景點位在私有地內，有的可能還須付費，攝影時請多加注意。

御輿來海岸之名據說是景行天皇因
受到這裡的美景吸引，曾停下轎輿
欣賞而來

所在地

搭電車就能到，交通便利 交通

■ 從熊本站搭乘JR三角線至網田站約40分

0　　　10km

有明海

島原灣

↑玉名站
熊本城
阿蘇
熊本機場

熊本站
豐肥本線

搭乘JR三角
線約40分
九州新幹線
熊本縣

長部田海床路
干潟景勝之地（觀景台）
御輿來海岸
宇土マリーナ

住吉站
三角線
宇土站
國道3號

宇土半島
網田站

鹿兒島本線
肥薩線肥薩OrangeRailway

57
266
三角站

從網田站步行15分可抵達御輿來海岸。被稱為「干潟景勝之
地」的攝影景點則距離車站步行30分的路程。若是開車，從
熊本市區行駛鹿兒島街道（國道3號）、天草街道約40分。

可一併安排熊本市區觀光 行程範例

上午
到達熊本站後，先走訪日本三名城之一的熊本城
前往熊本城參觀。位於熊本城西南方的城彩苑不但介
紹了熊本的歷史，還設有咖啡廳，可在此稍作休息。

第1天

下午
在御輿來海岸等待日落時刻的絕景
搭乘電車前往御輿來海岸，還可以順便去
乾潮時會浮現道路的長部田海床路看看。
午餐就在宇土マリーナ享用鮮魚料理。在
海邊散步後，來到御輿來海岸的攝影景
點，飽覽夕陽西下時的夢幻景色。晚上則
回到熊本市區，品嘗馬肉生切片。

第2天

上午
稍微走遠點到熊本市區，造訪玉名溫泉
搭乘鹿兒島本線往北，前往離熊本車程30分的玉名，
約1300年悠久歷史、古色古香的玉名溫泉值得一遊。

下午
午餐大啖據說是熊本拉麵起源的玉名拉麵
泡完溫泉後，享用濃郁豚骨湯頭的玉名拉麵。

🏨 **住宿情報** 宇土站周邊雖然有飯店，但數量不多。熊本市區有眾多住宿選擇。

7

六角柱狀的美麗斷崖與侵蝕洞穴的玄界灘強力波浪

ななつがま

佐賀

七釜

搭乘遊覽船從海上近距離接觸玄界灘打造出的岩石絕景

位在呼子港附近的七釜是一座猶如無數根玄武岩柱狀節理非常發達的石柱所組成的懸崖，下方還有7個如同爐灶般的洞穴。這些洞穴是以波濤洶湧著稱的玄界灘波浪經年累月浸蝕所形成的，有的洞穴甚至深達110m。搭乘呼子港出發的遊覽船「IKA MARU」，可以近距離觀賞大自然力量所刻畫出鮮明的岩石肌理。

𝒊 如何取得最新資訊

唐津站觀光服務處 ☎0955-72-4963
📍 佐賀県唐津市新興町2935-1 (唐津站)

 **挑選風平浪靜時前往**　　　季節／時間

1	2	3	4	5	6	7	8	9	10	11	12

雖然一年四季都可前來觀光，不過氣象不佳時遊覽船可能會停駛。若要在颱風季節或海面風浪較大的冬季等造訪，最好事先確認海上風浪的狀況。

最好是晴朗且無風的日子　　　貼心叮嚀

遊覽船雖然在白天都會行駛，但必須有足夠的水深才有辦法駛進洞穴內。因為必須取決於運行時的波浪狀況，風小的日子最為合適。天候不佳時則可漫步懸崖上方的步道。

海洋之友呼子 ☎0120-425-194
🕤 9：30～16：30 每小時開船
🚫 天候不佳時　💰 1600日圓

所在地

六角形的柱狀節理是熔岩冷卻凝固時所生成。七釜的六角形柱狀節理已登錄為國家天然紀念物

🚗 遊覽船在呼子港搭乘 交通

■ 從唐津站開車至呼子港約30分

七釜

呼子港

開車約30分

佐賀縣

唐津灣

西唐津站

唐津城

虹之松原

唐津站

唐津線

0　　5km

340

204

202

筑肥線

若搭乘巴士，在唐津站附近的唐津巴士總站乘坐昭和巴士至呼子巴士站35分。呼子港至七釜的遊船之旅來回約40分。若要從陸地上欣賞風景，呼子港至七釜車程為10分。

✏️ 不可錯過呼子著名的花枝 行程範例

第1天　下午

遍覽唐津城下町與白砂青松的風景名勝
到達唐津站後先前往城下町逛逛，這裡保存了唐津城等許多帶有濃厚歷史氣息的建築。租好車後，接著驅車前往美麗松樹綿延長達5km的虹之松原，還可以順便參觀附近製作唐津燒的陶窯。住宿則推薦唐津的老字號旅館或海景飯店。

第2天　上午

品嘗著名美食花枝，等待遊覽船出航
前往知名的呼子早市，大啖剛上岸的花枝等新鮮海產。確認遊覽船的時刻後，可利用等候時間從陸地上欣賞七釜景色，或來趟海中展望船之旅。

下午

享受深入斷崖岩穴的遊覽船之旅
到了出航時刻便搭上遊覽船出發前往七釜吧。

8

晨間上演的夢幻海上戲曲
充滿感動的朝霧、岩石、日出絕景

たわらかいがんのうみぎり／はしぐいいわ

和歌山

田原海岸的海霧／橋杭岩

日出時刻的田原海岸。若夜晚低
溫，隔天早上便容易起霧，海面
煙霧繚繞的景象夢幻極了

田原海岸的海霧／橋杭岩　　29

在面向太平洋的小鎮上
由大海神奇的力量打造出的絕景

在紀伊半島最南端靠近潮岬的地方，有2處以絕景著稱的海岸。其一是田原海岸的海霧。12～1月前後的寒冬時節，山區的冷空氣會順著田原川降到海面，然後因與海水的溫差而產生濃霧。從瀰漫於海上的霧氣後方升起的太陽、霧間若隱若現的岩石及釣船，構成了如詩如畫的美景。

另一處絕景則是橋杭岩。從田原海岸沿著海岸線往南約10km，會看到面向紀伊大島的前方，有約40尊的岩石綿延850m左右，每一尊都佇立海中、穩若泰山，宛如只殘留橋墩般，因而被命名為橋杭岩。

ℹ️ 如何取得最新資訊

古座觀光協會 ☎0735-72-0645
🏠 和歌山縣東牟婁郡串本町西向231-3（古座站）

串本町觀光協會 ☎0735-62-3171
🏠 和歌山縣東牟婁郡串本町串本33（串本站）

☘️ 冬天較容易有海霧及晴天　季節／時間

1	2	3	4	5	6	7	8	9	10	11	12

這兩處景點都是在冬天時晴天機率較高，能欣賞到有美麗朝霞的天空及大海。12～1月的清晨，田原海岸因輻射冷卻的關係氣溫偏低，比較有機會看到海霧。欣賞橋杭岩景色並沒有特別的季節限制，不過在冬至前後，太陽會從紀伊大島後方升起，因此無法看到日出時太陽從海平面冒出的景象。4月下旬～9月前來還能賞鯨。

👣 前晚先來住宿較為理想　貼心叮嚀

如果要看早上的海霧，前一晚先來住宿在時間上比較悠閒。由於田原周邊的住宿設施不多，最好在決定了時間後盡早預約。橋杭岩距離潮岬約7km，如果時間夠的話不妨再玩遠一點，去夕陽西下的潮岬、海金剛、樫野埼燈塔等地走走。

絕景達人教你玩

日出時分造訪田原海岸及橋杭岩是最棒的，尤其是在有海霧的冬天清晨，不過要記得做好禦寒措施喔。最理想的天候狀況是「雨～隔天冬季型氣壓勢力強～隔天冬季型氣壓勢力減弱，晨間寒冷」。可以前一天先來過夜，看完風景後泡個溫泉暖暖身子再出發。

山崎先生（古座觀光協會）

一枚岩

有很多的奇岩，是划艇與釣香魚的人氣峽谷

古座川峽

牡丹岩 月の瀬溫泉

轟喰岩

紀伊勝浦站 紀伊田原站

田原川

荒船海岸

★ 田原海岸

國民宿舍あらふねリゾート

從熊野灘連綿至此約3km的奇岩

重疊山

古座站 古座觀光協會

可欣賞雙島的地點。夕陽非常漂亮

由弘法大師開山的靈山，從山頂可以一覽紀伊大島與橋杭岩

九龍島

可以在此租借腳踏車或獨木舟

白濱站

田並站 紀伊有田站

紀勢本線

紀伊姬站

弘法の湯

箱島

從外部的展望台可以眺望太平洋

★ 橋杭岩

金山展望台

雙島

串本町觀光協會 串本站

橋杭海水浴場

紀伊大島

樫野釣公園センター

樫野埼燈塔

トルコ記念館

可從水中隧道欣賞到紅魚及鯊魚的泳姿。也有可以眺望海中的遊覽船

無量寺 串本應舉蘆雪館

くしもと大橋

リゾート大島 H

海金剛

登錄於拉薩姆公約中，擁有美麗珊瑚的串本海域

潮岬溫泉

通夜島

從展望台看出去的太平洋非常美麗

熊野灘

潮岬 潮岬觀光塔

潮岬燈塔

N

0 2km

於新宮或紀伊勝浦站租車 交通

- 從名古屋站搭乘JR紀勢本線特急南紀至紀伊勝浦站約4小時
➡ 從紀伊勝浦站搭乘JR紀勢本線至紀伊田原站約25分
- 從新大阪站搭乘JR紀勢本線特急くろしお至串本站約3小時15分

阪和自動車道 南紀田辺IC

新大阪站

大塔山△ 紀伊半島 三重縣

名古屋站

新宮站

南紀白濱機場

JR紀勢本線特急 南紀約4小時

和歌山縣

紀伊勝浦站

JR紀勢本線 約25分

紀伊田原站 田原海岸

JR紀勢本線特急くろしお約3小時15分

紀勢本線

串本站

海金剛

熊野灘

0 15km

從紀伊田原站步行至田原海岸約10分。前往橋杭岩則可從串本站搭1小時約1班的熊野交通巴士，車程4分，步行約25分。若自行開車，從名古屋一帶前來在尾鷲北IC、從大阪一帶前來則是在南紀田辺IC接國道42號。所需時間皆約2小時。

這樣玩更有意思♪

勝浦的鮪魚
那智勝浦的鮪魚漁獲量居全日本之冠，車站周邊聚集了壽司店到居酒屋等各種提供鮪魚料理的店。

橋杭岩夜間點燈
每年的日期雖然有所不同，不過都會在11月的文化之日前後3～4天舉行夜間點燈活動。

配合觀賞海霧選定日期 行程範例

第1天 下午
先前往橋杭岩，潮岬的夕陽也不可錯過
在紀伊勝浦站享用海鮮蓋飯，然後一邊欣賞熊野灘景色度過午後時光邊驅車前往橋杭岩。接著造訪海金剛及潮岬，並在潮岬觀賞日落。當晚住宿於紀伊田原站附近。

第2天 上午
田原海岸瞬息萬變的海霧令人感動不已
清晨前往田原海岸細細觀賞海霧。離開下榻處後，參觀無量寺、串本應舉蘆雪館。

第2天 下午
下午泡個溫泉，洗去一身疲憊
在紀伊勝浦站下車，前去可以看海的溫泉旅館悠閒地泡湯，然後告別南紀的大海踏上歸途。

精選推薦景點 ||||||||||||||||||| 👢

欣賞波濤洶湧的海浪拍打巨岩

海金剛 うみこんごう

從串本站開車約20分

即使在斷崖連綿不絕的紀伊大島中，也特別醒目、巨大的斷崖、巨岩林立。其中還有頂端尖銳的金字塔形岩石。

以圓山應舉、長澤蘆雪為主題的美術館

無量寺・串本應舉蘆雪館 むりょうじ・くしもとおうきょせつかん

從串本站步行約10分

1707（寶永4）年因寶永大地震引發的海嘯導致本堂全毀，時隔79年後才於現址重建。此處保存了圓山應舉及其高徒長澤蘆雪的畫作。

🏠 住宿情報 要看海霧的話最好前一晚就來住宿。靠近海岸的國民宿舍是最方便。

9

沖繩原始的大自然所呈現出
令人著迷的碧波白砂美景

たけとみじまのコンドイはま   沖繩

竹富島的 Kondoi 海灘

所在地
★

乾潮時可以直接走到浮出海面如河中島般的沙洲。往西望去，還能看見遠方的西表島及小濱島

1 坐上牛車，悠閒享受緩慢流逝的島上時光吧
2 獲選為重要傳統建造物群保存地區的竹富島民家
3 登錄為有形文化財的西棧橋

翡翠綠寶石般璀璨的海水與一望無際的潔白沙灘

Kondoi海灘位於竹富島西部，是一處保留了紅瓦屋頂民家及石牆等沖繩原始風貌的海灘，這裡海水的澄澈度，在沖繩可說是數一數二。海水的顏色也會隨著潮汐高低及光影而改變，透明清澈的蔚藍色怎麼看都看不膩。這裡的海水並不深，而且平靜無波，非常適合悠閒地戲水。許多遊客都會攜家帶眷前來，4～9月還有出租遮陽傘、泳圈等及販賣輕食的攤販。海灘周邊也有可以欣賞美麗夕陽的西棧橋、以星砂聞名的皆治海灘，不妨順道去看看。到了夜晚滿天星斗的景象也是絕景。

i 如何取得最新資訊

竹富町觀光協會　📞0980-82-5445
竹富島ゆがふ館　📞0980-85-2488
址 沖繩縣八重山郡竹富町竹富

擁抱夏季熱情的陽光與海水　季節／時間

1	2	3	4	5	6	7	8	9	10	11	12

7～9月是最適合戲水的時間，但這個季節颱風也多，必須注意天氣。颱風離開後，海水也常會混濁2～3天。5月下旬～6月下旬的梅雨季遊客較少，團費也比較便宜，不妨趁這個時候來。

賞花時節　九重葛 11～12月
月桃 4～5月　夾竹桃 4～5月

記得做好防曬準備　貼心叮嚀

由於竹富島終年陽光強烈，因此要注意曬傷及中暑。建議穿著薄長袖襯衫、戴帽子，並務必準備防曬乳。前往海邊、山區遊玩時請先注意當天的氣象資訊，並留意黃綠龜殼花及水母等。

絕景達人教你玩

只有在島上住宿才看得到的西棧橋的夕陽堪稱絕景。夜晚在月亮及星光照射下，悠閒地感受聚落裡別具韻味的氣氛也非常棒！

仲里先生(竹富島交通)

租借自行車周遊全島　　交通

■ 從石垣港離島航站搭乘高速船至竹富東港約10分

0　　　15km

鳩間島
沖繩縣
西表島
石垣島
竹富東港　←搭高速船約10分
小濱島
Kondoi 海灘　竹富東港　石垣港離島航站
中御神島　新城島　黑島

從竹富東港搭乘巡迴巴士至Kondoi海灘約10分。騎自行車在島上移動較為方便，島中央有數間店可租借。想慢慢欣賞竹富島風景的話，也很推薦坐牛車。出租自行車、牛車的店家皆有提供港口接送服務。

飽覽沖繩的自然風光　　行程範例

在Kondoi海灘戲水
上午
首先前往Kondoi海灘，這裡海水不深，可以游泳、拍照留念，或單純放空也不錯。

第1天

前往以夕陽著稱的西棧橋
下午
午餐後在島上騎自行車，走訪皆治海灘、なごみの塔等地方。黃昏時分別前往西棧橋，欣賞沒入西表島的夕陽。

一探超過360種珊瑚棲息的海底世界
上午
搭乘竹富東港出發的玻璃船，觀賞日本國內最大的珊瑚礁海域─石西礁湖及各式各樣的熱帶魚。

第2天

搭牛車細細品味島上風情
下午
離開竹富東港前別忘了去搭牛車。可以跟隨著牛車緩慢的步調，細覽島名勝及街景。歸途中可以順便去石垣島觀光。

這樣玩更有意思♪

✳ 牛車
牛車是竹富島觀光的亮點之一，行程中可以看到沖繩的老街樣貌，還有三味線的現場演奏。

✳ 玻璃船
可以從船內看到的熱帶魚等會隨著季節、天候、潮汐高低等有所不同。

✳ 八重山麵
八重山地區的知名美食，特色是麵條較細且斷面呈圓形，以及湯頭帶有甜味等。

可以透過劇院的大螢幕觀看竹富島居民們的生活

牛車的搭乘處。也提供自行車出租

玻璃船及往石垣島的渡輪的出航處

ミサシ御嶽

竹富島ゆかふ館

竹富東港

坐在棧橋上看海感覺十分療癒

西棧橋　新田觀光

安里屋Kuyama誕生之地

なごみの塔

聚落內綿延著白沙道路

竹富小中學校

ンブフル展望台

Kondoi岬

★ Kondoi 海灘

竹富島

石垣港離島航站

皆治海灘

アイヤル浜

這裡以許多貓咪而聞名

人煙稀少，有如私房景點的海灘。禁止游泳

此處以南禁止進入

N

0　　　1km

精選推薦景點 ‖‖‖‖‖‖‖‖‖‖‖‖‖‖‖

位於城鎮中心的塔

なごみの塔　　なごみのとう

> 從竹富東港步行約25分

なごみの塔位於島中央，高度4.5m，被登錄為國家有形文化財。因逐漸損壞老舊，禁止攀登。

沒入海中的夕陽與染成通紅的天空形成美麗對比

西棧橋　　にしさんばし

> 從竹富東港步行約20分

西棧橋是整座島上觀賞夕陽最佳的景點，總是吸引眾多遊客前來。還曾登上廣告及觀光海報等，在日本全國都享有高知名度。

Kondoi海灘旁的星砂海岸

皆治海灘　　カイジはま

> 從竹富東港步行約50分

岸邊有樹蔭，是個適合悠閒地在海邊打發時間的地方，同時也以星砂著稱。由於有海流的關係，想游泳的話請多加注意。

10

坐擁碧藍海水與燦爛星空 日本最南端的樂園

はてるまじまのニシはま

沖繩

波照間島的北濱海灘

陽光下的蔚藍大海與白色沙灘 描繪出美麗漸層畫

　　波照間島位於石垣島西南方約63km，是日本最南端的有人島。這座島的最大魅力在於被稱作波照間藍的耀眼海色。柔和的白色沙灘更加襯托出了海水的透明度，甚至從海面上就能看到珊瑚。由於島上沒有什麼人工光源，夕陽及星空的景色也美不勝收。北濱海灘的日文名稱「ニシ浜」中的「ニシ」在沖繩方言中為「北方」之意。這裡是位於波照間島北方，唯一一座可游泳的海灘。

 如何取得最新資訊

竹富町觀光協會　☎0980-82-5445

 挑選乾潮時浮潛　　　　　　**貼心叮嚀**

梅雨季後最適合前來											季節／時間
1	2	3	4	5	6	7	8	9	10	11	12

適合戲水的時節大致為4～10月，其中最推薦5月中旬～6月中旬前後的梅雨後至颱風季前的7月這段時間前來。出梅後的一週會吹起稱為夏至南風的強烈南風，往波照間島的航班常會停駛，請多加注意。

乾潮時在礁石旁就能看到珊瑚及熱帶魚，因此初學者也能享受浮潛的樂趣。離岸邊較遠的地方由於海潮速度快，水深也較深，請避免前往。滿潮時礁石旁也會有水深較深處，請多加注意。建議在浮潛前先調查好潮位。

潛入湛藍海水中，在白沙襯托下，五彩繽紛的魚群及珊瑚不斷映入眼簾

所在地
★

 租自行車在島上移動最輕鬆 交通

■ 從石垣港離島航站搭乘高速船至波照間港約1小時

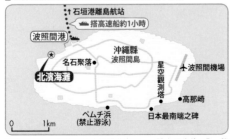

```
                石垣港離島航站
          ┈┈┈ 搭高速船約1小時
   波照間港
              沖繩縣
         名石聚落  波照間島
                        星空     ✈ 波照間機場
   北濱海灘              觀測塔
                           ● 高那崎
0      1km     ベムチ浜    日本最南端之碑
              (禁止游泳)
```

島中央的名石聚落距離波照間港約1km，騎自行車約6分。整座島面積不大，騎自行車就逛得完，不過因為坡道多，也可以考慮租機車或汽車。島上沒有路線巴士及計程車。

 夜晚的滿天星斗令人沉醉 行程範例

第1天

上午｜**從石垣機場搭乘巴士前往石垣港離島航站**
請記得隨時上網確認高速船的出發時刻。

下午｜**度過悠閒的海灘時光後，在星空下為一天畫下句點**
在民宿租借自行車前往北濱海灘。海灘旁邊就有廁所、淋浴間、更衣室，非常方便。晚上從下榻處騎自行車前往星空觀測塔，可在屋頂用望遠鏡觀賞夜空中的繁星。

第2天

上午｜**隨興騎自行車周遊島上景點**
在與北濱海灘反方向的高那崎，可以從斷崖絕壁上欣賞充滿震撼力的波浪。也別忘了在附近的日本最南端之碑前拍照留念。

下午｜**伴手禮當然要買泡盛中的夢幻逸品「泡波」！**
可以用與本州不同的價格買到只在波照間島釀造的「泡波」。

🛏 住宿情報　島上沒有飯店或度假設施，島中央的聚落有數間民宿。

波照間島的北濱海灘　　**37**

11 用跳島方式暢遊散落於
湛藍海洋中的慶良間群島！

けらましょとう　　　　　　　　　　　沖繩
慶良間群島

所在地 ★

右上方較大的島嶼為阿嘉島，
其下方為嘉比島。左方中央的
是安慶名敷島

1
2 3

1 海水透明度高，可以看到各式各樣魚類及珊瑚的座間味村是潛水家的嚮往之地
2 位於渡嘉敷島的阿波連海灘，是一處擁有美麗弧線的海岸
3 賞鯨之旅有機會看到體長接近15m的座頭鯨

逼布著珊瑚礁的大海與綠意盎然的島嶼是動物們的天堂

慶良間群島是位在沖繩本島西方約40km的群島，由渡嘉敷島、座間味島、阿嘉島、慶留間島等20座島嶼構成。一座座島嶼長滿了熱帶特有的樹木，加上陸地沉降造成的獨特地形、散布著各種珊瑚礁的蔚藍海洋…諸多優異自然條件融為一體的景觀美在日本國內可說是數一數二。這裡的動物種類也十分豐富，除了因會游泳、可渡海到別的島嶼而著稱的野生慶良間鹿外，這裡也是著名的海龜產卵地及座頭鯨繁殖地。如此絕佳的自然環境讓慶良間群島深受肯定，於2014年3月被指定為國家公園。如果想好好親近有慶良間藍之稱的美麗海洋，就選擇潛水或浮潛吧。

i 如何取得最新資訊

座間味村觀光協會 座間味服務處 ☎098-987-2277
址 沖繩縣島尻郡座間味村座間味1-1
渡嘉敷村旅遊導覽 ☎098-987-3122
址 沖繩縣島尻郡渡嘉敷港旅客接待所

🍀 一年四季皆有不同樂趣　　季節／時間

1	2	3	4	5	6	7	8	9	10	11	12

如果想在海裡游泳，4月下旬～10月上旬是最棒的，不過4月只穿泳裝下水的話還是會冷。黃金週及盂蘭盆假期前後是這裡最多遊客的時候。7～8月有著熾熱的陽光，海水的碧藍、植物的綠意也更顯鮮明，處處充滿南國風情。12月下旬～4月上旬是最適合賞鯨的時期，11～1月前後則是海水最為澄澈的時候。

👣 別忘了觀賞夜空中的繁星！　　貼心叮嚀

慶良間群島有許多看點，其中有像是賞鯨這種有期間限制的行程，或是必須預約的活動，因此建議事先擬定好計畫，並將渡輪等可能會因天候關係而停駛的狀況考慮進去，做好能在當地靈活應變的準備。由於日曬強烈，也要記得做足防曬及防中暑措施。

絕景達人教你玩

從女瀬之崎展望台眺望的盛夏夕陽美景值得推薦。日落前1小時起天空時時刻刻會有不同變化，呈現美麗的漸層色彩。入夜後廣闊的星空也非常有看頭，不過由於島上沒有路燈，別忘了攜帶手電筒。

渡邊小姐（座間味村觀光協會）

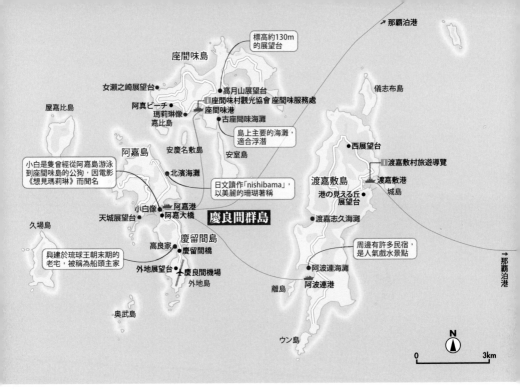

標高約130m的展望台

那霸泊港

座間味島

女瀬之崎展望台

高月山展望台

阿真海灘

座間味村觀光協會 座間味服務處

瑪莉琳像
嘉比島

座間味港

古座間味海灘

屋嘉比島

安慶名敷島

儀志布島

安室島

島上主要的海灘，適合浮潛

日文讀作「nishibama」，以美麗的珊瑚著稱

阿嘉島

西展望台

渡嘉敷村旅遊導覽

渡嘉敷島

渡嘉敷港

城島

港の見える丘展望台

小白是隻曾經從阿嘉島游泳到座間味島的公狗，因電影《想見瑪莉琳》而聞名

北濱海灘

小白像

阿嘉港

天城展望台

阿嘉大橋

慶良間群島

渡嘉志久海灘

久場島

慶留間島

高良家

慶留間橋

周邊有許多民宿，是人氣戲水景點

→那霸泊港

興建於琉球王朝末期的老宅，被稱為船頭主家

外地展望台

慶良間機場

阿波連海灘

阿波連港

外地島

離島

奧武島

ウン島

N

0　　　　3km

 從那霸搭乘高速船十分便利 　交通

■ 從那霸泊港搭乘高速船至座間味港或阿嘉港約50分
■ 從那霸泊港搭乘高速船至渡嘉敷港約35分

伊是名島

伊江島

粟國島

沖繩縣

久米島

沖繩自動車道

沖繩本島

搭高速船約50分

那霸泊港

慶良間群島

搭高速船約35分

除了高速船外，每天也有1～2班從那霸出發的渡輪，經阿嘉島至座間味島需2小時，前往渡嘉敷島需1小時10分。另外，座間味島與阿嘉島之間是由村內航線「みつしま」連結，部分航班會行駛至渡嘉敷島（阿波連港）。

這樣玩更有意思♪

✳ 水肺潛水

有機會近距離看到海龜游泳的模樣。慶良間群島有提供給老手或初學者體驗的各種潛水行程，值得好好留意。

 於各座島嶼間周遊 　行程範例

第1天

上午｜慶良間群島之旅的起點為那霸的泊港
從那霸機場移動至泊港。

下午｜首先造訪座間味島
搭乘高速船「クイーンざまみ」前往座間味島。抵達後先到下榻處辦理入住手續，然後去高月山展望台環顧慶良間的海洋。再順便去因電影《想見瑪莉琳》而聞名的瑪莉琳像拍照留念。

第2天

上午｜徜徉於慶良間美麗的海洋上
參加海上划艇或浮潛行程體驗海洋魅力，水肺潛水也是很好的選擇。如果剛好適逢賞鯨季的話，也可以報名賞鯨行程。

下午｜搭乘みつしま村內航線前往阿嘉島
與小白像拍照留念，當晚住宿在阿嘉島上。

第3天

上午｜看看是否有緣邂逅野生的慶良間鹿
先在周邊逛逛，或許你就是見到慶良間鹿的幸運兒！之後前往天城展望台，並參觀慶留間島的高良家。

下午｜搭乘慶良間航線前往渡嘉敷島
從阿嘉移動至渡嘉敷島（阿波連港），船程20分。

第4天

上午｜山、海皆具魅力的渡嘉敷島
在阿波連海灘或渡嘉志久海灘戲水。渡嘉敷島上有標高超過200m的山聳立，走上展望台去看看也不錯。

下午｜告別慶良間群島前往那霸
在渡嘉敷搭乘渡輪返回那霸。

ⓘ 住宿情報　渡嘉敷島、座間味島、阿嘉島皆有許多民宿、歐風民宿。

天時地利人和才有幸能看到
如同潔白花朵般的美麗沙灘

よろんじまのゆりがはま

鹿兒島

與論島的百合之濱

**眼前盡是清澈見底的海水與耀眼沙灘
如同私人度假海灘般的美景**

　　百合之濱位在距大金久海岸約1.5km的外海，是在春天至秋天的大潮之乾潮時才會出現的沙灘。每次出現時的形狀及大小都會因波浪及風的影響而有所不同。由於與論島被礁岩所圍繞，這裡的海水顏色被譽為「與論藍」，由海中浮現的沙灘更是美得難以言喻。在沙灘周圍還可以浮潛。

ⓘ 如何取得最新資訊

與論島觀光協會　☎0997-97-5151
🏠 鹿兒島縣大島郡与論町茶花32-1

🍀 先確認預計出現日

季節／時間

1	2	3	4	5	6	7	8	9	10	11	12

觀光協會的網站上可查詢百合之濱的出現日（預測），不過也可能因為天候或海況的緣故，與預測有所出入。這裡的年平均氣溫為22.8℃，4～10月前後可下海游泳。

👣 別忘了做好防曬

貼心叮嚀

據說如果在百合之濱撿拾與自己年齡數目相同的星砂，就能得到幸福。不妨事先準備好袋子來裝。若在夏天前來，太陽眼鏡、防曬乳、防蚊液等都是必備物品。另外，請絕對不要在禁止游泳處游泳。

所在地

據說這裡因為是沙子聚集之處，原本稱作ヨリハマ。後來，大家將沙灘的美景比喻成了百合花，因而有了「百合之濱」之名

🚗 從鹿兒島、那霸皆可到達　　交通

■ 從鹿兒島機場搭飛機至與論機場約1小時20分
■ 從那霸機場搭飛機至與論機場約40分

```
↑鹿兒島    鹿兒島機場
          ✈ 搭飛機約1小時20分      0        2km
      アイギ浜・            ・皆田海岸
          ●ウドノス海灘
        ・與論島觀光協會      ★百合之濱
與論機場✈             鹿兒島縣
  ↑                  與論島     ・大金久海岸
 與論港
              南十字星座中心
          ✈ 搭飛機約40分
沖繩↓        那霸機場
```

可以從那霸或鹿兒島搭乘渡輪前往與論島。島上除了有路線巴士（1日10班）及計程車（2家業者）外，也可租車自駕。

✏️ 悠閒享受島上時光　　行程範例

第1天　下午　到達與論機場後前往下榻處
在下榻處附近的ウドノス海灘戲水，晚餐前體驗用當地名酒「島有泉」進行的與論獻奉儀式。

第2天　上午　搭乘玻璃船前往百合之濱
在玻璃船上還有機會看見海龜。到了百合之濱後，可以在水邊玩耍、拍照留念等。

第2天　下午　透過兜風、自費行程飽覽島上風光
租車走訪美麗的海岸及展望景點，介紹與論島歷史的南十字星座中心等地也值得一遊。參加島上各地舉辦的自費行程也是好選擇，可以向飯店、民宿業者請教相關問題。

第3天　上午　搭乘中午的飛機離開
歸還租借的車輛後搭飛機前往沖繩。

🛏 **住宿情報**　靠近ウドノス海灘的茶花地區等島上許多地方皆有飯店及民宿。

13

貫通日本屋脊的壯闊路線
輕鬆進入雲上360度全景世界

たてやまくろべアルペンルート

富山／長野

所在地

立山黑部阿爾卑斯山脈路線

御庫裏裏池是路線最高處—室堂最具
代表性的風景，池中的融雪水澄澈
如鏡，水面上倒映著雄偉的立山

轉乘各種交通工具
走訪標高約2500m的山岳地帶

　　立山過去曾為前人未及的險峻山岳地帶，因興建水力發電廠的契機而進行開發，山岳觀光路線在1971（昭和46）年全線通過。立山黑部阿爾卑斯山脈路線是連接富山縣立山町與長野縣大町市，橫貫北阿爾卑斯山脈的路線，以無軌電車、地軌式纜車等交通工具串連起來。轉乘這些交通工具的話，從黑部水庫至黑部湖僅需步行15分鐘，就可行走在標高約2500m的高山上。在這條標高差約2000m的路線上，有壯闊的360度山岳景色及美麗的湖沼、濕原、原生林、高山植物、水庫等豐富自然景觀。標高2450m的室堂平有日本最高的溫泉湧出。若選擇在室堂或彌陀原過夜，還可以欣賞到夕陽沒入雲海中，以及雲霧之上的滿天星斗等絕景。

ⓘ 如何取得最新資訊

立山黑部貫光株式會社 營業推進部　☎076-432-2819
立山自然保護中心　☎076-463-5401
📍 富山縣中新川郡立山町芦峅寺（室堂平）
くろよん綜合預約中心（扇澤站～黑部水庫間）　☎0261-22-0804
※室堂總站內也有觀光服務處

🍀 7月是高山植物的生長高峰　　季節／時間

1	2	3	4	5	6	7	8	9	10	11	12

　　室堂周邊的大雪谷（→P.48）最適合造訪的時期是在4月中旬～6月下旬左右。5月可欣賞到新綠景象，高山植物會在6月下旬～7月前後開花。6月26日～10月15日可看到氣勢磅礴的黑部水庫觀光放水，7～8月是最熱鬧的時候。紅葉季節因標高而異，一般而言是9月下旬～10月。12月～4月中旬為止因交通工具停駛，無法入山。

賞花時節	水芭蕉 6月	珍葉花 6～8月
小梅蔥草 7～8月	北萱草 7～8月
白毛羊鬍子草 8月	梅花草 8～9月

👟 記得穿著適合高地的服裝　　貼心叮嚀

　　前往室堂會在短時間內一下爬升到約2500m的高地，因此必須放慢步伐，並做好水分補充等防止高山症的措施。山上的氣溫較平地低12～13℃，而且因應天氣驟變，一定要攜帶雨具、防寒裝備。看到天然紀念物岩雷鳥時請安靜觀賞，高山植物也禁止摘採。

1		
2	4	5
3		6

1 搭乘立山架空索道從空中欣賞360度壯闊全景，震撼無比
2 雷鳥澤鮮艷的紅葉美極了
3 4月路線開通後，可以近距離步行觀賞大雪谷
4 夏季可以看到黑部水庫氣勢磅礴的放水
5 彌陀原的濕原上遍布著稱作餓鬼之田的池塘
6 室堂平的散步路線在6～7月是高山植物的寶庫

闊的高原美景

從立山站或信濃大町站展開旅程　交通

■ 從電鐵富山站搭乘富山地方鐵道立山線至立山站約1小時
■ 從松本站搭乘JR大糸線至信濃大町站約1小時➡從信濃大町搭乘北アルプス交通巴士／ALPICO交通巴士至扇澤站約40分

若自行開車，請將車輛停放在立山站或扇澤站的停車場，搭乘立山黑部阿爾卑斯山脈路線的交通工具。若要走完整條路線，可利用往返的車輛服務。也可搭乘往返長野站～扇澤站的ALPICO交通特急巴士（1日5班）。

關電隧道無軌電車(扇澤站⇨黑部水庫)
🕐 7:30～17:00 間隔約30分　🈺 12/1～4/14　💰 1540日圓
黑部登山纜車(黑部湖站⇨黑部平站)
🕐 8:10～17:00 約20分間隔　🈺 12/1～4/14　💰 860日圓
立山架空索道(黑部平站⇨大觀峰站)
🕐 8:30～17:10 約20分　🈺 12/1～4/14　💰 1300日圓
立山隧道無軌電車(大觀峰⇨室堂總站)
🕐 8:45～17:20 間隔約30分　🈺 12/1～4/14　💰 2160日圓
立山高原巴士(室堂ターミナル⇨彌陀原⇨美女平)
🕐 8:00～17:05 間隔約20～40分　🈺 12/1～4/9
💰 1710日圓(至彌陀原為810日圓)
立山登山纜車(美女平⇨立山站)
🕐 7:20～18:10 約20分　🈺 12/1～4/9　💰 720日圓
聯絡方式 ☎ 076-432-2819(立山黑部貫光)
※僅關電隧道無軌電車為 ☎ 0261-22-0804
(くろよん綜合預約中心)
※營業時間可能會有季節性變動，請事先確認時刻表

搭乘各種交通工具輕鬆上山　行程範例

第1天	上午	**從長野前往黑部水庫** 在中午前到達長野的扇澤站，搭乘無軌電車前往黑部水庫。午餐就吃著名的黑部水庫咖哩吧。
	下午	**眺望壯觀的水庫與後立山連峰** 走訪了黑部水庫與黑部湖後，搭乘登山纜車及架空索道前往黑部平、大觀峰。在雲上露臺眺望後立山連峰景色，搭乘無軌電車並下榻於室堂，盡情觀賞美麗的星空。
第2天	上午	**以健行方式走訪御庫裏池周邊及彌陀原等大自然景點** 約1小時的散步路線可欣賞立山三山，沿中有御庫裏池及血池等景點。接著搭巴士前往彌陀原，走在濕原木棧道，細細品味高山植物綻放花朵的景色，然後享用午餐。
	下午	**前往路線的最後一站—立山** 搭巴士前往美女平，再轉乘登山纜車抵達立山站。若是還有力氣，也可以搭巴士去稱名瀑布走走。

這樣玩更有意思♪

✱ **黑部湖遊覽船Garube**
航行地為全日本最高的遊覽船，一圈約30分，可以欣賞到黑部峽谷及立山三山的風景。
🕐 1日9～12班　🈺 11月11日～5月31日　💰 1080日圓

✱ **大雪谷**
從4月開通至6月下旬為止，聳立於室堂附近路旁的雪壁，雪量多的時候高度可達20m。

✱ **賞日出行程**
HOTEL TATEYAMA有規劃於視野良好的大觀峰賞日出的巴士旅行。須預約、收費。

ブナ平至弘法間的步道平坦好走，途中有稱名瀑布的觀景點

立山收費道路

綿延約8km的險峻山壁

這裡的濕原散布著稱為餓鬼之田的池塘

高山植物會在夏至秋季開花。彌陀原的濕原散步路線一圈40分～1小時20分

屋頂展望台可望見立山山麓及富山平原。附近的地名美女平便是源自此處的美女杉

美女平一帶生長著日本山毛櫸的步道是賞鳥名勝

可從此處觀看稱名瀑布

弘法至彌陀原間鋪設了木道棧，紅葉季節時風景尤其優美

環繞一圈走往松尾峠展望台的路線

可將立山火山口盡收眼底。單約約20分

0　2km

在室堂來趟健行吧!!

室堂平周邊主要有3條健行路線，最輕鬆、最多人走的是環御庫裏池路線，這條路線沿途會經過室堂的象徵—御庫裏池，以及綠池、血池、日本最古老的山中小屋立山室堂等處，起伏不多，約1小時可走完。環地獄谷路線由於有火山氣體的緣故，只能走靠りんどう池的北側路徑。從雷鳥澤看立山的景象十分壯闊，不過在某些風向時，走北側路徑也要注意安全。天狗平水平道路線同樣因為火山氣體的關係，往地獄谷方向的部分路徑禁止通行。

```
0        500m
```

室堂平

彌陀原

立山ホテル高原

天狗平站

天狗平山荘

ソーメン滝

禁止通行

禁止通行

御庫裏池溫泉

天狗平
水平道路線

天狗平

立山
收費道路

ロッジ立山連峰

禁止通行

地獄谷

りんどう池

雷鳥荘

血池

御庫裏池

綠池

室堂ターミナル

HOTEL TATEYAMA

雷鳥沢ヒュッテ

環地獄谷路線

環御庫裏池路線

室堂山荘

立山室堂

大觀峰

立山隧道
無軌電車

室堂山展望台↓

1 御庫裏池的池水十分清澈
2 9月下旬～10月上旬是雷鳥澤的紅葉季節，將整座山染得五彩繽紛
3 在室堂平能看到列為國家特別天然紀念物的雷鳥

精選推薦景點

見識日本第一的瀑布
稱名瀑布　しょうみょうだき

> 從立山站搭乘稱名瀑布探勝巴士約15分，從稱名滝巴士站步行約30分

稱名瀑布落差350m，為全日本第一，水花飛濺的景象氣勢驚人。稱名瀑布與一旁只有在融雪季節才會出現的榛之木瀑布匯流的姿態更是壯觀。

在室堂附近邂逅令人感動的全方位美景
室堂山展望台　むろどうやまてんぼうだい

> 從室堂步行往返約2小時30分

這座展望台位在通往室堂山的登山道走約1小時處。立山火山口、五色原等處的壯麗景色一覽無遺。若時機碰巧，還有機會看到夢幻的雲海。

室堂平

適合登山中階者挑戰的人氣健行景點

可在此觀賞日出

可360度觀看後立山連峰

行駛於全長達5.4km的隧道中

大雪谷

御庫裏池

室堂

室堂平

室堂山展望台

國見岳

淨土山

龍王岳

鬼岳

富士ノ折山

大汝山

雄山

丸山

展望台

立山隧道
無軌電車

大觀峰站

立山架空索道

立山黑部阿爾卑斯山脈路線

後立山連峰

岩小屋沢岳

鳴沢岳

信濃大町站→

扇沢駅→

黑部平站

立山纜車

黑部湖站

黑部湖

黑部湖遊覽船
Garube搭船處

ロッジくろよん

黑部水庫

黑部水庫

黑部水庫

關電隧道
無軌電車

大雪谷是一段長約500m的區間，步行者也可進入(僅活動期間)

日本最大的水力發電水庫，震撼力十足

14
烏帽子岳山腰的草原與
水池呈現出絕美風景畫

あそのくさせんりがはま　　　　　熊本

阿蘇的草千里之濱

所在地

日本目前正推動將包括草千
里之濱在內的阿蘇一帶登錄
為世界文化遺產

阿蘇的草千里之濱　51

1　雖然看起來不起眼，不過米塚也是火山。可從阿蘇登山道路望見

2　從大觀峰眺望到的北外輪山，綿延著充滿變化的地形

3　目前仍是活火山的中岳，有可能因火山活動禁止參觀

1	
2	3

阿蘇的火山所孕育出如同仙境的大草原

　　草千里之濱是位於阿蘇五岳之一的烏帽子岳北側山坡的火山口遺跡，是直徑約1km的草原，草原中央還有2處雨水累積而成的大水池。此地純樸浪漫的自然美景，自古以來便受到許多歌人讚詠。一覽無遺的草原連接中岳及烏帽子岳的山峰，形成反覆不斷的景色。阿蘇也十分盛行飛行傘及熱汽球等能親近大自然的活動，3～11月還有舉行騎馬健行的活動。一到冬天，草原上會出現美麗的樹冰。

※因2016年熊本地震帶來的影響，交通、店鋪、各服務等的刊載資訊有可能與現在不同。請事先在觀光協會或縣市官方網站確認實際狀況。

❧ 新綠時節是最佳造訪時機　　　季節／時間

1	2	3	4	5	6	7	8	9	10	11	12

若想要賞花及欣賞美景，最適合在整片草原滿是綠意的4月下旬～6月上旬前來。初春時，為供牛馬食用並延續阿蘇的草原風景，會以人工放火的方式促使草類生長。

賞花時節　杜鵑 4月下旬～5月下旬　玫瑰 5月上旬～6月上旬
鈴蘭 5月中旬～下旬　九州杜鵑 5月中旬～下旬

⚠ 注意早晚溫差　　　貼心叮嚀

阿蘇山由於地勢較高，是知名避暑勝地，不過這裡早晚氣溫變化劇烈，因此請準備方便穿、脫的衣物。為維護自然環境，這裡禁止寵物同行及滑草。另外，在雨季以外的時間，草千里之濱的水池有可能會乾涸。

絕景達人教你玩

烏帽子岳倒映在雨後水池中的畫面堪稱絕景。春天與秋天綻放的龍膽模樣也十分可愛。另外，在草千里之濱壯闊的自然景色中體驗騎馬是再棒不過的了。阿蘇的風景一年四季會呈現出不同面貌，各個季節都有其獨特的魅力。

小黑與阿蘇草千里騎馬俱樂部的成員們

ⓘ 如何取得最新資訊

阿蘇服務中心
☎0967-34-1600　🏠熊本県阿蘇市黑川1440-1

北外輪山上的道路，能欣賞到壯闊的阿蘇五岳及草原、田園風光

可遍覽阿蘇群山的絕佳觀景點

やまなみハイウェイ

通往九重連山的兜風路線

阿蘇內牧溫泉街有許多旅館及民宿

牛奶公路

大觀峰

阿蘇服務中心

內牧站

いこいの村站

宮地站

阿蘇站

波野站

豐肥本線

瀧水站

市之川站

相傳為阿蘇的神明將收穫的米堆積起來變成的山

停駛區間

赤水站

米塚

阿蘇登山道路

通往山頂的經典阿蘇兜風路線

阿蘇熊本機場

57號線受到地震嚴重影響，請注意指引看板前進

杵島岳

草千里阿蘇火山博物館站

中岳火口

阿蘇山

仙酔峽

中岳

根子岳

立野站

大津溫泉岩戶之里

扇坂展望所

俵山峠展望所

★ 草千里之濱

烏帽子岳

長陽站

加勢站

停駛區間

阿蘇下田城ふれあい溫泉站

位在深處的吉田神社供奉著水源守護神──罔象女神

南阿蘇水の生まれる里白水高原站

南阿蘇白川水源站

白川水源

南阿蘇雖然沒有溫泉街，不過座落著零星的溫泉旅館及入浴設施

南阿蘇鐵道高森線

中松站

高森站

見晴台站

距離此處約27km，開車約35分

高千穗峽

N

0 — 4km ═══ 禁止通行

🚗 開車移動較為方便　　交通

■ 從阿蘇熊本機場開車至草千里之濱約1小時20分

若要搭乘大眾交通工具，可從阿蘇站搭乘1日僅2班左右的產交巴士阿蘇火口線至草千里阿蘇火山博物館前巴士站約30分。從阿蘇熊本機場及熊本站可搭乘產交巴士的九州橫斷巴士與特急巴士やまびこ號前往阿蘇站。

這樣玩更有意思♪

✱ 騎馬健行

倘佯於草原的同時，還能欣賞阿蘇壯麗的風景。會有專人牽引，小朋友也可以安心體驗。

📝 在山間兜風欣賞360度美景　　行程範例

開車造訪視野良好的絕景景點

從牛奶公路展開阿蘇兜風自駕之旅。奔馳於廣闊的草原間，開往絕景景點大觀峰。

沿阿蘇登山道路南下前往草千里之濱

行駛在著名兜風路線上，眺望米塚景色後前往草千里之濱，壯麗風景讓人身心舒暢。午餐就吃阿蘇特產赤牛吧。

造訪南阿蘇的美麗湧泉地

行駛國道265號線，自在徜徉於阿蘇東側。在白川水源欣賞澄澈無比的泉水，沉澱心靈。

在南阿蘇的溫泉放鬆身心

前往南阿蘇的溫泉泡個湯後踏上歸途。

上午 / 下午（第1天）　上午 / 下午（第2天）

精選推薦景點

南阿蘇地區湧泉的代名詞

白川水源　しらかわすいげん

從草千里之濱開車約30分

白川水源是南阿蘇地區代表性的湧泉地，還獲選為日本百大名水。每分鐘會湧出60噸的清水，水量豐富，吸引了許多國外遊客造訪。

15

新綠及紅葉將標高1600m
的火山台地妝點得五彩繽紛

岩手／秋田

はちまんたい

八幡平

位於茶臼岳南側的蟻沼有美麗的紅葉，雖然沒有登山道通往此處，不過從八幡平盾形火山線可將這裡的美景一覽無遺

1 八幡沼周邊的自然探勝路及黑谷地濕原等各處皆有步道，夏天時是高山植物的寶庫
2 八幡平盾形火山線不論在新綠或紅葉時節的景色都令人讚嘆
3 東西600m，南北200m的八幡沼是八幡平最大的沼澤，是由數個火山口孕育出的火口湖

高原上的開闊感讓人身心舒暢 愜意馳騁於絕景公路上

八幡平為奧羽山脈北部橫跨岩手縣與秋田縣的台地火山群，也是日本百大名山之一。這裡生長著茂密的欅樹及冷杉原生林，並有無數的沼澤及濕原，火山帶獨特的風景別具魅力。橫貫台地的八幡平盾形火山線全長約27km，是高人氣的兜風路線，可飽覽岩手山等群山峰峰相連的開闊景色。白毛羊鬍子草及北萱草盛開的夏季、樹木染成通紅的秋季尤其美麗。在可作為行程中繼站的見返峠附近，有通往標高1613m山頂的步道，途中還會行經八幡沼。也別忘了好好享受因地熱形成的溫泉喔。

❀ 高山植物在夏季競相綻放　　季節／時間

1	2	3	4	5	6	7	8	9	10	11	12

八幡平在高山植物綻放花朵的6~8月、紅葉時節的9月下旬~10月中旬尤其美麗，最適合開車來此兜風。八幡平盾形火山線及八幡平樹海線在冬季皆禁止通行。

賞花時節　水芭蕉 6月中旬~下旬　　白毛羊鬍子草 6月下旬~7月中旬　北萱草 7~8月　※開花時期因標高而異

🔔 考量標高選擇衣著　　貼心叮嚀

八幡平山頂附近的見返峠一帶即使在盛夏也只有約20℃，十分涼爽，除了在平地穿著的服裝外，建議再攜帶方便穿、脫的衣物。另外，山頂周邊是國家公園的特別保護地區，植物僅可拍照或觀賞，禁止摘採。

絕景達人教你玩

八幡平是擁有火山帶獨特神秘景觀與眾多溫泉的天然綠洲，即使沒有正式登山裝備或經驗，也可以輕鬆親近這裡壯闊的大自然。剛開放通行的雪廊、夏季的新綠、秋天的紅葉等，每個季節都能欣賞到美麗的風景。

佐佐木小姐(八幡平市觀光協會)

ⓘ **如何取得最新資訊**

八幡平市觀光協會　☎0195-78-3500
八幡平山頂休憩屋（僅4月中旬~11月上旬開館）
🏠 秋田縣仙北市田沢湖大深沢國有林內
松尾八幡平遊客中心　🏠 岩手縣八幡平市柏台1-28

源太森

有冷杉原生林及可眺望岩手山的展望台。步行5分即可抵達山頂

有穿過濕原的木棧道。從巴士站到展望台單程15分

適合在此休憩的飲水站

N
0 500m

八幡平山頂展望台

八幡平

後生掛溫泉→

陵雲莊(避難小屋)

八幡沼展望台

ガマ沼分歧

自然探勝路

展望台

熊の泉

黑谷地濕原

八幡平首屈一指的展望點。距離茶臼口巴士站單程約45分鐘路程。還可俯瞰熊沼及盾形火山線

黑谷地

源太清水

從這一側眺望岩手山的風景十分震撼人心！

23

茶臼岳

見返峠

八幡平頂上上

有八幡平山頂休憩屋與展望台、停車場

八幡平盾形火山線

熊沼

秋田縣

八幡平樹海線

八幡平

彎道角度和緩,開起來十分舒暢。開放通行後會連接雪廊

茶臼口→

有噴出高溫溫泉蒸氣的「遠古的吐息」

御在所濕原

318

藤七溫泉

彩雲莊

有許多巨石及古木,約40分鐘的健行路線。也是森樹蛙的棲息地

岩手縣

石ガタ沼

松川溫泉↓

蓬萊境

蓬萊沼

水芭蕉的群生地,可從盾形火山線望見

夜沼

有許多闊葉樹的道路,秋天時的紅葉尤其美麗

 ## 開車飽覽沿途美景　　　交通

■ 從松尾八幡平IC開車至見返峠約40分
■ 從鹿角八幡平IC開車至見返峠約1小時

鹿角八幡平IC

開車約1小時

花輪線

282

安代JCT

IGR岩手銀河鐵道

八戶自動車道

秋田縣

岩手縣

八幡平
見返峠
八幡平盾形火山線
八幡平樹海線

341

松尾八幡平站

松尾八幡平IC

開車約40分

東北自動車道

△岩手山

盛岡

東北新幹線

0　　15km

八幡平盾形火山線在冬季的11月上旬～4月中旬(八幡平樹海線為～4月下旬)全日禁止通行。開放通行後～5月下旬前後的夜間(17時～翌8時30分)禁止通行。夏季與紅葉時期,每天有1班從盛岡站發車,開往八幡平山頂一帶的八幡平自然散策巴士(附免費導覽解說)。

這樣玩更有意思♪

❄ **雪廊**
八幡平盾形火山線在剛開放通行後的4月中旬,道路兩旁會聳立著高高的雪牆。

🍜 **源太咖哩烏龍麵**
使用以岩手縣產牛筋肉燉煮的咖哩與秋田名產一稻庭烏龍麵,將2個縣的美味巧妙結合在一起。

 ## 透過開車、步行體驗高原之美　　行程範例

第1天	上午	**在綠意盎然的八幡平樹海線快意兜風** 開上樹海線欣賞沿途的綠意與群山美景,午餐就在八幡平山頂休憩屋享用源太咖哩烏龍麵。
	下午	**親近八幡平山頂的高山植物與360度壯闊景色** 踏上路程約1小時的自然探勝路走訪八幡沼,穿梭在高山植物綻放的花朵間,前往八幡平山頂。在展望台眺望岩手山壯麗的風景後,下榻於藤七溫泉 彩雲莊。
第2天	上午	**暢快馳騁於八幡平盾形火山線** 行駛於八幡平盾形火山線欣賞高原風景,開往御在所濕原。於濕原及御在所、五色沼周邊散步。
	下午	**前往盛岡市區大啖在地美食** 若還有時間的話,就在市區逛逛,然後踏上歸途。

精選推薦景點

位於山頂及茶臼岳之間,逛起來輕鬆愜意的散步景點

 ### 御在所濕原　ございしょしつげん

從見返峠開車約25分

濕原與御在所沼、五色沼周圍規劃有一圈約1小時的散步路線,春天有水芭蕉,夏天則有白毛羊鬍子草等美麗的高山植物花朵。

泡在乳白色溫泉中眺望遠方山頭的日出

藤七溫泉 彩雲莊　とうしちおんせん さいうんそう

從見返峠開車約5分

所在地標高1400m,為東北地區最高的溫泉旅館,也是藤七溫泉唯一的一間溫泉旅館。露天浴池可遠眺岩手山等處。也可純泡湯不住宿。冬季歇業。

16

周圍群山與嶙峋奇岩
打造出異世界般的景象

しこくカルスト

愛媛／高知

四國喀斯特

日本標高最高的喀斯特地形
駕車於山脊上暢快奔馳吧

　　喀斯特指的是石灰岩遭溶蝕所形成的地形。四國喀斯特的草原上裸露出無數岩石的景觀別具特色，還擁有能眺望東西向約25km的超大視野，因而名列日本三大喀斯特之一。由於地處標高1000～1500m的高原，可以清楚觀賞到四國的群山，還有機會邂逅牛群悠閒吃草的田園風光。

ℹ️ 如何取得最新資訊

久萬高原町企劃觀光課　📞0892-21-1111
西予市公所經濟振興課　📞0894-62-6408

🍀 挑選滿是蒼翠綠意的時節造訪　季節／時間

1	2	3	4	5	6	7	8	9	10	11	12

高原在春天至夏天會被綠意所覆蓋。6～7月是最棒的時節，適合前來避暑，而且還能看到大吳風草、山丹等高山植物。長滿了芒草的秋天很有看頭，清晨還有機會看到雲海。冬季則常會積雪。牛群僅有春至秋天會在此放牧。

🚶 請小心駕駛並注意穿著　貼心叮嚀

由於許多地方的路幅較窄，開車時請留意對向來車。這一帶周邊加油站較少，建議出發時就先將油箱加滿。因地處高原，氣溫較平地低，在某些時節還會有名為「蚋」的吸血昆蟲等，去到車外時最好穿著長袖、長褲。

所在地

五段高原附近。天狗高原至五段高原、姬鶴平之間是喀斯特地形特色最明顯的地區

移動及賞景都以開車為主
交通

從**松山機場**開車至**姬鶴平約2小時20分**

兜風路線主要從天狗高原至大野原，東西向穿越喀斯特地帶的四國喀斯特公園縱貫線（縣道383號）。從松山IC出發，行經國道33、440號後會於地芳峠連接至縣道383號。若是從高知一帶前來，則在高知自動車道須崎東IC轉往一般道路。

也可以順道在松山觀光
行程範例

第1天

上午
在松山機場租車後往四國喀斯特前進
這趟絕景之旅的出發基地─姬鶴平離地芳峠不遠，趕在中午前抵達後，先在這裡吃午餐。

下午
以開車及步行方式飽覽喀斯特地形的絕景
五段高原及天狗高原設有步道，可以下車來走走。西側的大野原有觀光牧場，可看到廣闊石灰岩地帶的源氏駄場則是不可錯過的絕景景點。待到傍晚後，前往松山的道後溫泉住宿。

第2天

上午
分配半天時間走訪松山市內的主要景點
參觀松山城、松山市立子規紀念博物館、坂上之雲博物館等地，午餐則享用愛媛知名的鯛魚料理。

下午
機場距離市中心約20~30分鐘車程
在松山機場還車、踏上歸途。

釧路川流域的廣大濕原是野生
動物的寶庫，還有丹頂鶴等稀
有動物棲息在此

17
丹頂鶴悠悠降落
保留了遠古自然環境的大濕原

くしろしつげん

釧路濕原

北海道

所在地

1 棲息於釧路濕原的丹頂鶴約有1300隻，絕大多數為留鳥而非候鳥
2 濕原周邊約有600種植物及170種鳥類等棲息
3 從釧路市濕原展望台延伸出去的步道，走完全程約需1小時，中途有衛星展望台

廣大的濕地是動植物的寶庫
珍貴稀有的價值受到國際公認

釧路濕原位在北海道道東地方，面積約2.9公頃，是日本國內最大的濕原。釧路川蜿蜒流經這片蘆葦群生的平原，並分布著數座大小湖沼。這裡也是特別天然紀念物丹頂鶴、極北鯢等珍貴動植物的棲息地，早在1980年，釧路濕原就已登錄於以保存濕原為目的的國際條約—拉姆薩公約中了，是日本國內最早登錄在公約內的地方。直到約6000年前，這裡還是一處淺灣，海水退去後，砂土及泥炭堆積於此，在約3000年前形成了現在這幅讓人聯想到原始時代大自然的光景。這裡許多地方皆設有展望台、步道，也有火車經過，可以從各種不同角度欣賞濕原風光。

ⓘ 如何取得最新資訊

釧路觀光CONVENTION協會　☎0154-31-1993
溫根內遊客中心
☎0154-65-2323　址北海道阿寒郡鶴居村溫根內
塘路湖生態博物館中心「あるこっと」☎0154-87-3003

🍀 夏天滿是綠意與繽紛花朵　　季節／時間

1	2	3	4	5	6	7	8	9	10	11	12

釧路濕原在蘆葦及薹草展現著翠綠意，濕性植物綻放花朵的7月～8月中旬前後風景尤其優美。奔馳於濕原內的釧路濕原慢車號僅在4月下旬～9月（行駛日需確認）行駛，6～9月也有下午的班次。濕原上的草木在春天及秋天則是一片枯黃。冬天這裡會被白雪所覆蓋，丹頂鶴在10～3月會聚集在濕原西側等處的飼料餵食場。

⚕ 請愛護珍貴的動植物　　貼心叮嚀

為了維護濕原的自然環境，除了規定的木棧道外，切勿進入濕原內，並遵守不要餵食動物等規定。釧路濕原慢車號也有自由座，但旺季時建議先預約好指定席。也有獨木舟或騎馬健行的行程。

絕景達人教你玩

這裡一天之中的溫差很大，而且多霧。沐浴在朝霧中、被夕陽染紅的濕原也十分美麗，每個時段各有不同特色。在這座寬廣的濕原上，西邊與東邊生長著不同的植物，風景也相當多樣，遊客可以走訪各處的展望台，發掘其中的不同樂趣。

伊藤先生(釧路觀光CONVENTION協會)

N
0　4km

●鶴見台

コッタロ湿原展望台

■シラルトロ自然情報館
シラルトロ湖
可將湖沼群及廣闊的濕原盡收眼底

有3座展望台，可以欣賞到原始的濕原景觀。附近為狹窄的碎石子路，請小心駕駛

●サルボ展望台

塘路站

塘路湖生態博物館中心■「あるこっと」
塘路湖

釧路CC●

キラコタン岬

宮島岬

從這裡出發的溫根內木棧道走一圈約1小時，可欣賞野鳥及花卉

飼養了在日本很珍貴的毛腿魚鴞。有丹頂鶴等動物的北海道區也很有看頭

溫根內遊客中心

釧路濕原

濕原東部散布著許多海跡湖，訴說了這裡曾是大海的歷史。塘路湖為釧路濕原最大的海跡湖

達古武湖

細岡站

釧路濕原站●　●細岡展望台　●細岡遊客休息站

釧路市山花公園汽車露營場

●釧路市動物園

釧路市濕原展望台●

釧路濕原野生生物保護中心●

●釧路市丹頂鶴自然公園

館內有展示濕原的立體模型及圖板。中途有展望台的步道值得去走一走

●北斗遺跡

釧路平野

可眺望釧路川、雄阿寒岳、雌阿寒岳的夕陽景點。最靠近的車站為釧路濕原站

✈丹頂釧路機場

透過圖板及立體模型介紹濕原的生態系及瀕臨絕種的野生動植物。免費

遠矢站

大樂毛站　新大樂毛站

新富士站

新釧路川

釧路站　東釧路站　武佐站　別保站

太平洋

根室本線

🚗 租車走訪濕原各處　交通

■ **從丹頂釧路機場開車至釧路市濕原展望台約25分**
■ **從釧路站搭乘釧路濕原慢車號至釧路濕原站約25分**

0　15km

北海道
釧路濕原
🚗 開車約25分
釧路市濕原展望台
釧路濕原站
丹頂釧路機場
根室本線
🚃 搭乘釧路濕原慢車號約25分
釧路站

從釧路站至釧路市濕原展望台雖然可搭乘阿寒巴士，但1天只有6班左右，前往コッタロ濕原展望台等地也是租車自駕較為方便。從釧路濕原站步行至細岡展望台約15分。

這樣玩更有意思♪

❋ 釧路濕原慢車號
帶領遊客穿越濕原中央，還會在特別有看頭的景點放慢速度。
🚃 1日1～2班 上午從釧路站發車　費 釧路～塘路間540日圓

❋ 獨木舟
跟著導遊一起沿釧路川而下，親近壯闊濕原風景及動植物。

✏ 觀賞濕原展現的各種風貌　行程範例

第1天　上午

於濕原步道散步1小時
抵達釧路後，在丹頂釧路機場租車，前往釧路市濕原展望台。悠閒地在步道上散步，近距離觀賞濕原風景。

第1天　下午

走訪各座展望台飽覽濕原的多樣風貌
造訪讓人聯想到遠古大自然風景的コッタロ濕原展望台、可看到美麗湖沼景色的サルボ展望台。當晚住宿於釧路的飯店，享用爐端燒等在地美食。

第2天　上午

搭乘火車感受濕原的寬廣
在釧路站搭乘釧路濕原慢車號，透過車窗欣賞濕原風景。在釧路濕原站下車，前往細岡展望台眺望濕原、釧路川、阿寒連山等。

第2天　下午

與日本最大的野鳥丹頂鶴面對面
前往機場途中可順便造訪釧路市丹頂鶴自然公園。

精選推薦景點

一定能看到丹頂鶴的地方

釧路市丹頂鶴自然公園　くしろしたんちょうづるしぜんこうえん

從釧路站開車約30分

此處為保護、繁殖瀕臨絕種的丹頂鶴的設施，一年四季都可前來，能從展望台等地方觀看園內飼育場。

🏠 **住宿情報**　釧路濕原附近有民宿、B&B、度假別墅等，不過數量不多。住宿設施集中在釧路站周邊。

18

群山圍繞的高山植物樂園
漫步濕地享受涼風吹拂

おぜがはら
群馬／福島／新潟

尾瀨之原

中田代附近呈現水鄉澤國景觀的濕
原地帶可看到至佛山美麗的身影。
融雪後群花也紛紛開始綻放

1 尾瀬的秋天從9月下旬青草悉數染成金黃色的「草紅葉」開始，到了10月前後，便會看到美麗的楓紅
2 水芭蕉是尾瀬最具代表性的花卉之一
3 生長著大片北萱草的中田代。空氣清新舒爽的7月也洋溢著迷人風情

在清新脫俗的花朵簇擁下
漫步於綿延無盡的平坦木棧道

　　尾瀬之原是面積約3.7萬公頃的尾瀬國家公園中最受健行客喜愛的區域。這裡四周有至佛山、燧岳等2000m級的名峰圍繞，也有許多健行路線。由於有包含稀有品種在內的多種高山植物生長於此，此處的自然環境在學術上也獲得高度評價。隨著融雪造訪的水芭蕉花季尤其觸動人心，甚至連童謠也歌頌這裡的美景。走在鋪設在廣大濕原的木棧道上，一面遠眺群山，讓人神清氣爽。若是初次造訪，一般多從鳩待峠出發，於龍宮或見晴一帶折返。

🍀 5～6月的水芭蕉很受歡迎
季節／時間

1	2	3	4	5	6	7	8	9	10	11	12

花卉在開始融雪的5月中旬逐漸綻放，7～8月能欣賞到美麗的新綠景象。這裡的氣溫較台灣低約10℃，8月最高溫約25℃上下，早晚約12℃。冬季11月中旬～4月下旬會封閉冬季道路。

賞花時節 水芭蕉 5月下旬～6月上旬
北萱草 7月中～下旬 草紅葉・紅葉 9月下旬～10月中旬

 ### 請遵循自然保育規定
貼心叮嚀

享受登山樂趣之餘請配合遵守垃圾自行帶回、不要進入濕原及森林、木棧道靠右行走、不要摘採動植物、勿攜帶寵物等規定。另外若登山客集中於特定期間造訪恐怕會影響到自然環境，因此建議平日前來。雖然這裡的登山路線連初學者也能安心挑戰，但最好還是準備登山鞋、速乾性衣物、防寒用品、帽子、雨具等。

絕景達人教你玩

春、夏、秋等季節都有不同面貌是尾瀬的一大魅力，不管來幾次仍然有新鮮感。這裡有許多健行路線，可依據目的地及自己的體力來做挑選。推薦下山後住宿在片品村，好好紓解身體的疲勞。高原蔬菜及高原花豆是人氣伴手禮。

井上小姐（片品村觀光協會）

ⓘ 如何取得最新資訊

片品村觀光協會 ☎0278-58-3222
尾瀬山之鼻遊客中心
址 群馬県利根郡片品村（尾瀬山之鼻）

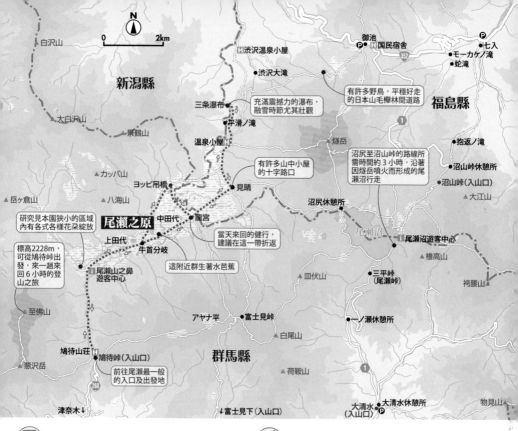

N
0 2km

白沢山
新潟縣
太白沢山
景鶴山
カッパ山
岳ヶ倉山
八海山

渋沢温泉小屋
渋沢大滝

御池 P H国民宿舎 P 七入
● モーカケノ滝
● 蛇滝

三条瀑布
平滑ノ滝
温泉小屋 H

充滿震撼力的瀑布，
融雪時節尤其壯觀

有許多野鳥，平穩好走
的日本山毛櫸林間道路

福島縣

燧岳
抱返ノ滝
● 沼山峠休憩所
沼山峠(入山口)
大江山

ヨッピ吊橋
見晴

有許多山中小屋
的十字路口

沼尻至沼山峠的路線所
需時間約3小時，沿著
因燧岳噴火而形成的尾
瀨沼行走

尾瀨之原 中田代 龍宮
上田代
牛首分岐

研究見本園狹小的區域
內有各式各樣花朵綻放

標高2228m，
可從鳩待峠出
發，來一趟來
回6小時的登
山之旅

尾瀨山之鼻
遊客中心

當天來回的健行，
建議在這一帶折返

這附近群生著水芭蕉

沼尻休憩所

尾瀨沼 尾瀨沼遊客中心
檜高山

三平峠
(尾瀨峠)

皿伏山

袴腰山

至佛山

アヤナ平 富士見峠
白尾山

一ノ瀬休憩所

鳩待山荘 H
鳩待峠(入山口)

前往尾瀨最一般
的入口及出發地

惡沢岳
津奈木↓

富士見下(入山口)

大清水 ● 大清水休憩所
(入山口) P

物見山

🚗 搭乘巴士穿梭於鄉間　　　交通

從沼田站搭乘關越交通巴士至戶倉(鳩待峠巴士連絡所)約1小時
30分 ➡ 從戶倉搭乘マイクロバス(關越交通)至鳩待峠約35分

長岡
新潟縣
湯沢IC
越後湯沢站
水上IC
上毛高原站
沼田站

會津若松
△燧岳
尾瀨之原 ★
至佛山○ ● 尾瀨沼
搭マイクロバス 鳩待峠
約35分
戶倉
花咲温泉 63 401
群馬縣 120
鎌田温泉 男体山
沼田IC 120
前橋 搭關越交通巴士 122
約1小時30分
0 15km
栃木縣
日光
東照宮
中禪寺湖 日光站
間藤站

也可以從戶倉搭共乘計程車至鳩待峠。入山口除了鳩待峠外，
還有富士見下、大清水、沼山峠等。若是自行開車，津奈木～
鳩待峠間5月下旬～10月中旬、御池～沼山峠間全年有自駕車
輛管制。也有晚上從各地出發，早上抵達鳩待峠，然後從其他
登山口返回的旅遊行程。

這樣玩更有意思♪

🟤 味噌饅頭

尾瀨的門戶─沼田市的名產，饅頭沾
了味噌醬後炙烤而成。

📖 於山中小屋過夜的健行之旅　　行程範例

第1天 上午

抵達鳩待峠！朝尾瀨之原出發

到達鳩待峠後步行約1小時，過了尾瀨山之鼻遊客中心
後，便正式展開尾瀨之原健行。

下午 **欣賞美麗花卉，飽覽沿途景色**

坐在木棧道旁的長凳上享用便
當。在牛首分岐轉往ヨッピ吊橋
方向走，約16時以前抵達見晴
周邊的山中小屋。

第2天 上午 **從早就將濕原絕景烙印在腦海中，往鳩待峠前進**

從山中小屋往三条瀑布方向出發，參觀了瀑布前後，行
經見晴及龍宮返回鳩待峠，踏上歸途。

精選推薦景點 ‖‖‖‖‖‖‖‖‖‖‖‖‖‖‖‖‖‖‖‖‖‖‖‖‖‖‖ 👟

在尾瀨山麓的村莊泡個溫泉後再離開

片品村　かたしなむら

從鳩待峠開車約30分

村內共有10座溫泉，從鳩待峠返回沼
田的路上比較方便順道造訪的有：尾瀨
戶倉溫泉、片品溫泉、鎌田溫泉、花咲
溫泉等。有些旅館也可以純泡湯不住
宿，讓你洗去健行後的一身疲憊。

花之站片品·花咲之湯

🛏 住宿情報　　鳩待峠周邊、見晴、山之鼻等地有20多間山中小屋，皆為預約制，有人數限制。

19

人類與大自然所共同打造
繽紛絢爛的彩色山丘

びえい・しきさいのおか　　　　　　　北海道

美瑛・四季彩之丘

四季彩之丘在春天到秋天都由數十種花
草所覆蓋，這裡算是美瑛地勢較高的地
方，開闊良好的視野也是一大賣點

波浪般綿延起伏的山丘
染上四季花卉的美麗色彩

　　美瑛町有著廣闊的和緩丘陵，曲折連綿而又複雜交錯的山丘上，主要分布著馬鈴薯、小麥、玉米等蔬菜田及麥田。一塊塊四方形的耕地呈現出不同色彩，排列在一起就像拼布一般。其中色彩最為繽紛豔麗的一塊拼布，就是四季彩之丘。佔地15公頃的園內有鬱金香、羽扇豆、向日葵等季節花卉在此綻放，編織出各種顏色的地毯。花田的另一邊則有綠意盎然的山丘綿延，與十勝岳連峰的遼闊全景一同呈現出如詩如畫的風景。從美瑛站搭乘觀光列車的話，1小時內就能到達富良野的薰衣草田。來到了四季彩之丘，就盡情擁抱北國大地豐饒的大自然恩惠與四季美景，以及舒暢開闊的視野吧。

ℹ 如何取得最新資訊

四季情報館(美瑛町觀光協會)
☎0166-92-4378 址北海道上川郡美瑛町本町1-2-14
四季彩之丘 ☎0166-95-2758 址北海道上川郡美瑛町新星第三
🕐9:00～17:00(11·3月為～16:30、12～2月為～16:00) 6～9月
8:30～18:00 ㉻無休 💴免費(自由捐獻維持管理費200日圓)

 ### 春至夏季展現出不同面貌　　季節／時間

1	2	3	4	5	6	7	8	9	10	11	12

花田在6～8月會迎來高峰，7月則是薰衣草的最盛期。美瑛的山丘7月上旬會開始綻放馬鈴薯的花，7～8月的小麥收割期則能看到麥稈捲。

| 賞花時節 | 鬱金香 5月 | 羽扇豆 6月～8月上旬 |
| 波斯菊 6月下旬～7月中旬、8月下旬～9月 |
| 薰衣草 6月下旬～8月上旬 | 向日葵 6月下旬～10月中旬 |
| 一串紅 7～9月 | 野雞冠花 7～9月 |

 ### 事先決定好移動方法　　貼心叮嚀

在四季彩之丘寬廣的園區內，可以自行駕駛遊園車(收費)或搭乘拖拉機巴士四季彩ノロッコ號移動。由於美瑛町沒有路線巴士，若要走訪散布在各處的山丘，得租借自行車、汽車，或搭乘定期觀光巴士等。

絕景達人教你玩

ロールくん(四季彩之丘吉祥物)

四季彩之丘在中午至15時前後人潮較多，不妨早上前來。由於園內是碎石子路，建議穿著好走的鞋。除花田之外，羊駝牧場飼養了23頭摸起來蓬鬆輕柔的羊駝，也很受歡迎。使用美瑛產生乳製作的獨家霜淇淋及現炸可樂餅也很美味喔。

	1	
2		
	3	4

❶ 5月的鬱金香花田。花田後方的是愛心樹
❷ 獨自座落在山丘上的「紅屋頂之家」是人氣攝影景點
❸ 原本披著綠色或金黃色外衣的美瑛山丘到了冬天轉成銀白世界
❹ 位在中富良野的富田農場在春天到秋天有五彩繽紛的花田可欣賞。特別是盛夏7月中旬前後是薰衣草盛開的時節

🚗 開車或租借自行車是最佳選擇　交通

- ■ 從旭川機場搭乘ふらのバスラベンダー號至美瑛站約15分
- ■ 從美瑛站搭乘JR富良野線至美馬牛站約10分
- ■ 從旭川機場開車至四季彩之丘約30分

從美馬牛站步行至四季彩之丘約25分。在美瑛站租自行車或是在機場租車會較為方便。不用擔心停車位問題的自行車是往來美瑛山丘間的好選擇。由於坡道較多，建議租用電動自行車，美瑛站、美馬牛站周邊都可以租到。搭乘JR乘客專用的ツインクルバス美瑛號（夏、秋限定）走訪美瑛山丘也很方便。另外還有從札幌發車的觀光巴士。

✏️ 來趟花間的自行車之旅　行程範例

第1天

上午｜親近四季彩之丘的繽紛花卉
從旭川機場開車，或在美馬牛站租自行車前往四季彩之丘，悠閒地欣賞園內各式各樣的花卉，還可以去附設的羊駝牧場走走。

下午｜馳騁於視野開闊的稜線上
在四季彩之丘度過悠閒時光後，騎自行車或開車奔馳在視野絕佳的全景之路上，飽覽美景。然後前往美瑛站，住宿於車站周邊。

第2天

上午｜探訪曾登上螢幕的著名風景
騎自行車或搭ツインクルバス美瑛號前往拼布之路。在遍布著蔬菜田的山丘間，尋找曾出現在電視廣告中的知名景色等。如果累了，就在咖啡廳休息片刻吧。

下午｜沉醉於薰衣草花香中
搭乘富良野・美瑛Norokko號於ラベンダー畑站下車，在富田農場欣賞盛開的薰衣草花田、品嘗薰衣草霜淇淋。當晚住宿於富良野。

第3天

上午｜在旭川吃美食、遊景點
造訪旭川市內的景點及旭山動物園，享用鹽味燒烤內臟及旭川拉麵等，然後打道回府。

這樣玩更有意思♪

✳ 富良野・美瑛Norokko號

可透過大片車窗飽覽花田及山丘風景的觀光列車。限定夏季與秋季行駛於旭川及美瑛、富良野間，也會臨時停車於富田農場附近的ラベンダー畑站。

- 🕐 6～9月（部分期間僅週六、日、假日）1日約3班來回列車
- ※ 每年有所不同　💰 富良野、美瑛間640日圓

精選推薦景點 👟

山丘大地在不同季節及時間展現出多種樣貌

拼布之路　パッチワークのみち

> 從美瑛站開車約10分

通往美瑛西北部，遍布著農田的丘陵地帶道路沿路上有Ken & Mary之樹、親子之樹、Mild Seven之丘等曾出現在電視廣告中的景點。也可以清楚看到遠方的十勝岳連峰。

從稜線俯瞰如波浪般起伏的丘陵景色

全景之路　パノラマロード

> 從美瑛站開車約15分

全景之路是美瑛地區地勢較高的稜線上通往南邊的道路，可將美瑛的山丘盡收眼底。沿途還有四季彩之丘等花田、藝廊、紅屋頂之家等著名景點。

碧藍色池水充滿神秘氣息

青池　あおいいけ

> 從美瑛站開車約20分

青池位於美瑛市區前往白金溫泉途中的森林內。一株株枯樹佇立深藍色池中的景象營造出幽微神秘的氛圍。

再多走幾步路 造訪富良野的絕景花田

富良野以大地好像鋪上了紫色地毯般的薰衣草花田聞名。除此之外，種植了各種季節性花卉的花田也很有看頭。

富田農場

> 從美瑛站
> 搭乘富良野線約50分

富田農場是推廣薰衣草觀光事業的始祖。從初春到秋天，可在寬廣的農場內欣賞到五彩繽紛的花朵。還有販賣花卉商品的商店及咖啡廳。

日之出薰衣草園

> 從美瑛站
> 搭乘富良野線約45分

位在市郊山丘上的一座免費薰衣草園，展望台可以眺望花田、富良野盆地、十勝岳連峰。7月中旬～下旬是薰衣草最美的時候。

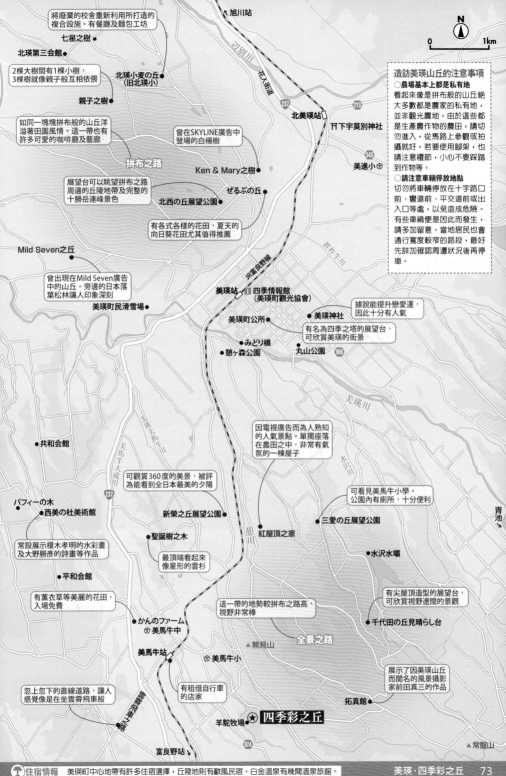

將廢棄的校舍重新利用所打造的
複合設施。有餐廳及麵包工坊

↙ 旭川站

七星之樹 ●

北瑛第三会館 ●

2棵大樹間有1棵小樹,
3棵樹就像親子般互相依偎

親子之樹 ●

北瑛小麦の丘
(旧北瑛小)

如同一塊塊拼布般的山丘洋
溢著田園風情。這一帶也有
許多可愛的咖啡廳及藝廊

曾在SKYLINE廣告中
登場的白楊樹

拼布之路

Ken & Mary之樹 ●

北美瑛站

卐下宇莫別神社

美進小

展望台可以眺望拼布之路
周邊的丘陵地帶及完整的
十勝岳連峰景色

ぜるぶの丘

北西の丘展望公園 ●

有各式各樣的花田,夏天的
向日葵花田尤其值得推薦

JR富良野線

Mild Seven之丘 ●

曾出現在Mild Seven廣告
中的山丘。旁邊的日本落
葉松林讓人印象深刻

美瑛町民滑雪場 ●

美瑛站

四季情報館
(美瑛町觀光協會)

美瑛神社

據說能提升戀愛運,
因此十分有人氣

美瑛町公所

みどり橋

有名為四季之塔的展望台,
可欣賞美瑛的街景

憩ヶ森公園 ●

丸山公園

共和会館 ●

美馬牛大成川

可觀賞360度的美景,被評
為能看到全日本最美的夕陽

パフィーの木 ●

西美の杜美術館 ●

常設展示榎本孝明的水彩畫
及大野勝彥的詩畫等作品

新榮之丘展望公園 ●

聖誕樹之木 ●

最頂端看起來
像星形的雲杉

平和会館 ●

有薰衣草等美麗的花田,
入場免費

因電視廣告而為人熟知
的人氣景點。單獨座落
在農田之中,非常有氣
氛的一棟屋子

紅屋頂之家 ●

可看見美馬牛小學。
公園內有廁所,十分便利

三愛の丘展望公園 ●

水沢水壩 ●

青池

有尖屋頂造型的展望台,
可欣賞視野遼闊的景觀

かんのファーム ●
⊗ 美馬牛中

美馬牛站

有租借自行車
的店家

這一帶的地勢較拼布之路高,
視野非常棒

⊗ 美馬牛小

▲ 熊見山

全景之路

千代田の丘見晴らし台 ●

展示了因美瑛山丘
而聞名的風景攝影
家前田真三的作品

忽上忽下的直線道路,讓人
感覺像是在坐雲霄飛車般

羊駝牧場

★ 四季彩之丘

拓真館 ●

富良野站

▲ 常盤山

造訪美瑛山丘的注意事項

○ 農場基本上都是私有地
看起來像是拼布般的山丘絕
大多數都是農家的私有地,
並非觀光農地。由於這些都
是生產農作物的農田,請切
勿進入,從馬路上參觀或拍
攝就好。若要使用腳架,也
請注意禮節,小心不要踩踏
到作物等。

○ 請注意車輛停放地點
切勿將車輛停放在十字路口
前、彎道前、平交道前或出
入口等處,以免造成危險。
有些車禍便是因此而發生,
請多加留意。當地居民也會
通行寬度較窄的路段,最好
先詳加確認周遭狀況後再停
車。

所在地

20 與修驗道有深厚淵源的吉野山上 綻放著過去為神木、靈木的櫻花

よしのやまのさくら　　　　　　　　　　　　奈良

吉野山的櫻花

世界遺產吉野山染上了
白山櫻柔和的淺粉紅色

　　紀伊山地北端從吉野川周邊往大峰連山綿延約8km的稜線一帶被稱為吉野山，種滿多達3萬株、200種的櫻花。吉野山自古以來就是修驗道的聖地，役行者在此開設金峰山寺，後醍醐天皇也曾將南朝的行宮設置於此，相當具有歷史意義。從山腳至山頂分為下、中、上、奧千本等4個區域，櫻花會從下千本開始，在約1個月的時間內依序開花。

 如何取得最新資訊

吉野山觀光協會
📞0746-32-1007　🏠奈良県吉野郡吉野町吉野山2430

✦ 清晨與夜晚的櫻花十分夢幻　季節／時間

1	2	3	4	5	6	7	8	9	10	11	12

吉野山在寒冷的清晨有時會出現薄霧，櫻花浮現於薄霧間的姿態帶有莊嚴氣息。晚上在夜間點燈時呈現出的樣貌也十分美麗。除了櫻花以外，在不同季節還能欣賞到繡球花、楓葉、雪景等優美景色。

賞花時節 **下千本的櫻花** 3月下旬～4月上旬 **中千本的櫻花** 4月上旬 **上千本的櫻花** 4月上旬～下旬 **奧千本的櫻花** 4月中旬～下旬

順便體驗山上的活動吧　貼心叮嚀

在櫻花季期間會湧入大量人潮，因此最好盡量在早上上山，或考慮在此過夜。由於會有車輛管制和塞車情形，建議搭乘電車。另外，賞花之餘也可以順便參觀4月8日的花祭、4月11及12日的花供會式、4月29日吉野神宮春季大祭等活動。

由於設立吉野山信仰的象徵──金峰山寺的役行者曾在櫻花樹上刻下藏王權現之姿，大家因此視櫻花樹為神木

 善加利用路線巴士　交通

從大阪阿部野橋站搭乘近鐵特急南大阪線／吉野線至吉野站約1小時20分

從京都站搭乘近鐵特急京都線／橿原線至橿原神宮前站約50分 ➡ 從橿原神宮前站搭乘近鐵特急吉野線至吉野站約40分

搭乘空中纜車，從吉野站前往吉野山（山上站）。櫻花季路線巴士會因為交通管制及臨時加開，行駛於吉野站～中千本公園間、竹林院前～奧千本間。

地圖標示：
- 近鐵大阪線
- 京都站
- 大阪阿部野橋站
- 櫻井線
- 搭近鐵特急京都線／橿原線50分
- 橿原神宮前站
- 搭近鐵特急南大阪線／吉野線約1小時20分
- 搭近鐵特急吉野線約40分
- 吉野口站
- 奈良縣
- 近鐵吉野線
- 吉野站
- 下千本
- 吉野山櫻花
- 金峯山寺
- 奧千本
- 0　5km

 住宿於吉野觀賞夜櫻　行程範例

上午 第1天

邊賞櫻邊從下千本往奧千本前進
前往空中纜車吉野山站（山上站）。距離奧千本約4.5km，花季會湧入大量人潮。一面從昭憲皇太后立碑欣賞望去絕景及花園山的櫻花等，一面散步。

下午

參訪沿途景點後抵達奧千本
午餐就吃知名的柿葉壽司，然後參拜金峰山寺及吉水神社。也可以搭巴士到奧千本，然後走下來欣賞沿途風景。在吉野住宿的話還能看到夜櫻的美景。

上午 第2天

離開前再多看幾眼吉野山的櫻花，留下深刻回憶
早上人潮未湧入前再次好好的觀賞吉野山景色，買些伴手禮往奈良移動。推薦以當地名產吉野葛製作的糕點。

下午

遊覽奈良市內，參拜名剎
走訪位於奈良公園的東大寺及興福寺等地後踏上歸途。

 所在地

21

22種紫藤交織出的絢爛美景
在國際上也是名聲響亮

かわちふじえん　　　　　　　　　　　　　福岡

河內藤園

盛開的花朵面積達1850坪
氣勢驚人的花之隧道堪稱絕景

　　位於福岡縣北九州市的河內藤園是1977年開設的私營藤園，優美的景色在網路上流傳開後蔚為話題。園內最有看頭之處是佔地約1000坪的紫藤架以及長80m與220m的兩處花之隧道。開花時期有22種紫藤競相綻放，如仙境般的夢幻美景被譽為「花之極光」。另外，園內也有樹齡超過30年的楓樹，因此在秋天時也能欣賞到一片火紅的景象。

ℹ 如何取得最新資訊

河內藤園 📞093-652-0334 🏠福岡県北九州市八幡東区河内2-2-48 🕘9:00～18:00

🌸 門票價格依時期而異　　　　季節／時間

1	2	3	4	5	6	7	8	9	10	11	12

紫藤花開花的時期會因每年的氣候有所不同，不過大致上是從4月底開始。門票為300～1000日圓，依開花狀況而異，花朵最美麗的時期為1000日圓。

賞花時節　**紫藤** 4月下旬～5月上旬
紅葉 11月下旬～12月上旬

👣 參觀私營藤園請多加留意　　　貼心叮嚀

園內禁止唱卡拉OK等妨礙安寧的行為，也不能攜帶寵物、使用相機腳架等。由於有超過100年的珍貴紫藤，觀賞時請遵守禮儀、秩序，以免損傷紫藤。下雨過後園內某些道路較為泥濘，建議穿著運動鞋等好走的鞋子前來。

紫藤花盛開所形成的花之隧道。花朵的酸甜香味與美麗色彩令觀看者沉醉不已

🚗 開車馳騁於綠意盎然的鄉間道路 交通

■ 從小倉站開車至河內藤園約40分

開車前往河內藤園比搭乘大眾交通工具方便。河內天然溫泉あじさいの湯有從八幡站發車的免費接送巴士,安排行程時也可以考慮順便去泡個不住宿溫泉。步行至河內藤園約5分鐘。

✏️ 在美食之都福岡大快朵頤 行程範例

第1天

上午
由於移動比較花時間,最好趕在上午抵達
在小倉站買好午餐要吃的便當,搭乘計程車前往河內藤園。

下午
在河內藤園悠閒地吃午餐、散步
在紫藤架下吃便當,享受野餐的感覺。參觀完園內後搭計程車回小倉站,搭乘JR特急前往博多。造訪九州最繁華的鬧區——天神,於著名的屋台享用晚餐。

第2天

上午
走訪有美麗海景的半島一帶
前往臨博多灣的海之中道,逛逛水族館及海濱公園。午餐就吃帶有濃濃雞肉鮮甜滋味的博多美食水炊鍋吧。

下午
參拜供奉菅原道真的太宰府天滿宮
前往可保佑「學問、至誠、避邪」的太宰府天滿宮參拜,然後購買伴手禮、踏上歸途。

22 沐浴在陽光下的黃色花朵與藍天相映成趣

北海道

ほくりゅうちょうのひまわりのさと

北龍町的向日葵之里

所在地

無數朵迎向陽光的鮮豔向日葵
將活力傳達給造訪此地的遊客

約23公頃的山丘上有150萬株向日葵在此競相綻放，種植規模傲視全日本。1979（昭和54）年遠赴歐洲研修的前農協職員在當地看到向日葵花田後深受感動，因而以此為契機開始種植向日葵，並在1989（平成元）年打造出了向日葵之里。這裡以「太陽的恩惠與笑容的城鎮」為口號，傾整座城市之力傳達向日葵的魅力。

 如何取得最新資訊

北龍町向日葵觀光協會 📞 0164-34-2111
📍 北海道雨竜郡北竜町和11-1（北龍町公所）

8月上旬可看到遍地鮮黃的景色 季節／時間

1	2	3	4	5	6	7	8	9	10	11	12

6月下旬起會開始冒出花苞，7月下旬至8月上旬則是盛開期。每年7月中旬至8月下旬都會以向日葵之里為舞台舉辦向日葵祭，並有煙火大會等各種活動，約40天的向日葵祭期間內會吸引20萬名觀光客造訪。

賞花時節 向日葵 7月下旬～8月上旬

 建議早上就動身前來 貼心叮嚀

由於向日葵的開花期間短，最佳觀賞時期又剛好在暑假中，因此最好趁早上觀光客尚未湧入前就過來。除了走向日葵迷宮、騎自行車外，這裡還有週末限定的活動，出遊前不妨先查一查。

成長苗壯的向日葵會持續面對著東邊，幾乎不動。一朵朵的向日葵看起來就像是在感謝太陽般

🚗 從旭川機場沿著石狩川往西　　交通

從旭川機場開車至北龍町的向日葵之里約1小時30分

若搭乘大眾交通工具，從機場轉乘巴士與電車前往深川站，所需時間約1小時10分。到了深川站後，在深川十字街巴士站搭乘路線巴士於北竜中学校巴士站下車即到。

📖 租車徜徉於各個景點間　　行程範例

第1天

上午　**搭乘上午班機抵達旭川**
在旭川機場租車，往向日葵之里出發。

下午　**盛開的向日葵迎接遊客造訪**
在公路休息站サンフラワー北竜享用午餐稍微休息後，前往向日葵祭活動會場。下午就在這邊悠閒地度過。

第2天

上午　**告別向日葵花田後前往人氣觀光景點旭山動物園**
上午再去逛一次向日葵花田，玩向日葵迷宮、搭乘遊覽車ひまわり號後告別北龍町。開車至旭山動物園約1小時20分。

下午　**中午前抵達，徹底感受動物園魅力**
參觀最有人氣的「北極熊館」、「海豹館」等，之後前往旭川市區，大啖北海道的在地美食。

🛏 **住宿情報**　北龍町及隔壁的秩父別町、沼田町各有1間溫泉旅館。

23

鋪在山坡上的花朵地毯
呈現美麗鮮明的對比

ひつじやまこうえんのしばざくら

埼玉

羊山公園的芝櫻

芝櫻栽種面積在關東名列前茅
展現花朵躍動感的設計也獨樹一格

羊山公園位在秩父市東側，武甲山的山麓。每年春天會舉辦芝櫻祭，約1萬7600㎡的廣大佔地上會開滿9種、超過40萬株的芝櫻。據說活動期間內的觀光客人數可達60萬人。這段時間公園內不但會設置秩父路的特產市集，市區也有鄉土藝能的表演等各式各樣的活動，整座城市都展現出熱鬧氣氛。

✿ 記得事先確認開花情報　　季節／時間

1	2	3	4	5	6	7	8	9	10	11	12

芝櫻祭於每年4月中旬至5月上旬前後舉辦，往年芝櫻都會在4月底～5月初盛開，請透過網路等確認開花狀況。芝櫻祭期間入園須付費（僅8～17時）。開花時間較芝櫻稍早的櫻花也十分美麗，這裡同樣是賞櫻名勝。

賞花時節 芝櫻 4月中旬～5月上旬
櫻花 4月上旬～中旬　花菖蒲 6月下旬～7月上旬

👣 假日前往時間請盡量提早　　貼心叮嚀

週六、日、假日時人潮會非常擁擠，建議最好在8～9時就抵達。與盛開時期重疊的黃金週期間車輛禁止進入公園。由於無法使用公園內的停車場，因此要停放在公園外的臨時停車場。

ℹ 如何取得最新資訊

秩父市公所觀光課　☎0494-25-5209
埼玉県秩父市野坂町1-16-15

這裡的芝櫻是以祭典時樂手身上穿著的襦袢之花紋為意象所種植。武甲山聳立於南方

 從池袋站搭乘特急約需2小時 `交通`

從西武秩父站步行至羊山公園約20分
從池袋站搭乘特急レッドアロー號至西武秩父站約1小時20分。也可以從橫瀨站、御花畑站步行或搭計程車前往。不妨留意由西武鐵道所推出可順道走訪長瀞、三峰等秩父其他地區的超值票券。

 探索秩父的自然與歷史 `行程範例`

上午
搭乘電車前往秩父
從西武秩父站步行至羊山公園。

第1天

下午
觀賞白、粉紅、紫等各色的芝櫻
盡情飽覽五彩繽紛的芝櫻。在商店享用午餐後，於公園内散步。在見はらしの丘眺望秩父市區景色後，返回飯店。

上午
展開秩父札所參訪之旅！
早上在西武秩父站前搭乘前往皆野站的巴士，於札所一番下車，步行遊逛四萬部寺（札所1番）、大棚山真福寺（札所2番）、常泉寺（札所3番）。

第2天

下午
下午再接再厲繼續參訪
參觀完金昌寺（札所4番）後享用午餐，然後前往語歌堂（札所5番）。回程從語歌橋搭乘前往西武秩父站的巴士。在西武秩父站前溫泉 祭の湯泡個溫泉，然後打道回府。

住宿情報 住宿於西武秩父站周邊的飯店或旅館最為方便。羊山公園内也有1間旅館，可從山丘上眺望夜景。

羊山公園的芝櫻

24

開滿整片山坡的琉璃色花朵
彷彿要與藍天融為一體

こくえいひたちかいひんこうえんのネモフィラ　　　　　　**茨城**

國營常陸海濱公園的粉蝶花

生長著450萬株花朵的廣闊山丘
幻化為青藍色的仙境

　　國營常陸海濱公園面積約有41個東京巨蛋大，以在四季綻放的各種花卉著稱，其中又屬粉蝶花最有人氣。這種原產於北美，模樣清純討喜的花卉，將常陸那珂市內標高最高的見晴之丘整片染成藍色，伴隨著春風吹拂，感覺療癒極了。粉蝶花盛開期間會舉辦名為「Nemophilia Harmony」活動，吸引眾多遊客造訪。

　　除了粉蝶花外，園內超過600種的水仙、五彩繽紛的鬱金香等也很受歡迎，秋天還能看到掃帚草美麗的紅葉。

🍀 黃金週是最有看頭的時候　　　　季節／時間

1	2	3	4	5	6	7	8	9	10	11	12

粉蝶花開得最美的時候是在5月的長假期間，但人潮會十分擁擠，建議在上午較早的時段前來。

賞花時節 **水仙** 2月中旬～4月中旬
鬱金香 4月中旬～下旬　**粉蝶花** 4月下旬～5月中旬
掃帚草的紅葉 9月下旬～10月中旬

ⓘ 如何取得最新資訊

國營常陸海濱公園
📞029-265-9001　🏠 茨城県ひたちなか市馬渡大沼605-4
🕐 9：30～17：00（7月21日～8月31日為～18：00、11～2月為～16：30）　休 週一（逢假日則翌日休，有無休期間）、12月31日、1月1日、2月第1個週二～該週週五　💴 410日圓

從被可愛藍色花朵所淹沒的見
晴之丘上，可以眺望太平洋

從車站搭乘巴士便可到達　　交通

從勝田站搭乘茨城交通
**巴士至海浜公園西口
約20分**
從西口前往見晴之丘
距離較近。從勝田站出
發的巴士1小時約2～3
班。從阿字ヶ浦站搭乘
スマイルあおぞら巴士
至海公園西口約10
分，步行至南口的話約
20分。如果有打算要
去周邊景點等觀光的
話，建議開車。常陸海
濱公園IC距離公園開
車1分。

徹底感受花與海的魅力　　行程範例

趕在人潮湧入前於上午抵達
上午　從國營常陸海濱公園「西口・翼之門」入場，步行約10
分鐘便會走到見晴之丘。

第1天

騎自行車感受微風吹拂，倘佯於寬廣的園區內
下午　欣賞了360度的粉蝶花美景後，騎上租來的自行車遊
走園內，觀賞鬱金香、罌粟等同樣在4～5月盛開的各
種花卉。也可以在園內的咖啡廳享用輕食及花草茶。

沿著海邊觀光、品嘗美食
上午　在海洋世界茨城縣大洗水族館親近海
中生物，午餐就在那珂湊おさかな市
場享用美味鮮魚。

第2天

前往面向著太平洋的人氣OUTLET
下午　下午前往大洗RESORT OUTLETS，
搭乘從商場內出發的遊覽船，來趟遊船之旅。

🏨 住宿情報　勝田站前有幾家飯店，也可以住宿在水戶。

國營常陸海濱公園的粉蝶花　　**83**

25 舉目所及盡是鮮紅花朵
滿山遍野的杜鵑花讓人畢生難忘

かつらぎこうげん しぜんつつじえん　　　　奈良／大阪

葛城高原 自然杜鵑園

鮮紅的杜鵑花不斷出現在眼前
以登頂為目標來趟健行之旅

　　葛城山的自然景觀一年四季各有不同魅力，5月將山頭染紅的杜鵑園更是有名。除了佔多數的鈍葉杜鵑外，還有丁香杜鵑、糯杜鵑、都躑躅等品種，遍布於山頂附近的山坡上。山上有步道，可一面漫步山中一面賞花。遊客一般前往山頂多是搭乘空中纜車，不過也有約3～4km的登山道，可以更仔細地賞花。

🛈 如何取得最新資訊

葛城高園ロッジ　📞0745-62-5083
🏠 奈良県御所市櫛羅2569

秋冬的葛城山也很不錯　　　季節／時間

1	2	3	4	5	6	7	8	9	10	11	12

杜鵑花從5月上旬開始綻放，過了中旬後最適合觀賞。除了杜鵑花以外，還有芒草與10月下旬～11月下旬的紅葉及1月的樹冰等，每個季節各有不同花卉及自然美景可欣賞。

賞花時節 **杜鵑** 5月中旬～下旬　　**山百合** 7月中旬～下旬
芒草 9月下旬～10月中旬

上午前來可避免擁擠　　　貼心叮嚀

觀賞杜鵑花的最佳時間在5月，此時會湧入大量遊客，尤其10～14時為尖峰，空中纜車即使需要排隊數小時也不稀奇。為避免擁擠，建議在傍晚搭乘空中纜車上山，於葛城高原ロッジ住宿一晚，安排隔天早上觀光。

自然生長於標高約959m的大和葛
城山山頂附近的杜鵑。盛開時將整
座山頭都染成了鮮紅色，十分壯觀

杜鵑花季時會加開巴士　　　交通

從近鐵御所站搭乘奈良
交通巴士至葛城ロープ
ウェイ前約20分

巴士1小時約1班（平
常時期約2小時1
班）。可以搭乘空中纜
車（9～17時1小時約2
班）或步行前往山頂。
登山道有2條路線，花
費1小時半～2小時左
右可到達山頂。

（地圖標示）
八尾機場
西之京站
柏原站
關西本線
西名阪自動車道
郡山IC
奈良縣
近鐵大阪線
近鐵長野線
橿原北IC
橿原高田IC
葛城IC
近鐵御所站
葛城ロープウェイ前
葛城山上站
御所站
搭奈良交通
巴士約20分
大阪府
葛城高原 自然杜鵑園
金剛山
和歌山線
309
310
5km

探索奈良的自然與文化　　　行程範例

循古代豪族的足跡前往葛城山
（上午・第1天）
到了御所站後，以步行方式前往葛城山。途中會經過
葛城古道，可順便參拜九品寺等地。

葛城山健行
（下午・第1天）
下午登葛城山。一面欣賞
視野良好的景色，一面沿
著北稜線路線上山。當晚
住宿於山頂的葛城高原ロ
ッジ，享用鴨肉料理。

避開尖峰時段造訪杜鵑園
（上午・第2天）
早上前往杜鵑園盡情欣賞美景。中午過後下山，於御
所站周邊用餐。

走訪奈良景點，踏上歸途
（下午・第2天）
回程途中可在西之京站下車，參拜藥師寺及唐招提寺
。伴手禮就買葛城餅及奈良漬吧。

26

起伏和緩的丘陵地上
滿是帶來幸福的金黃油菜花田

よこはままちのなのはなばたけ

青森

橫濱町的油菜花田

在花田中央接受金黃色花朵簇擁
甘甜花香撲鼻而來

在草木披上深綠色外衣之際，下北半島面對著陸奧灣的丘陵上，一望無際的油菜花田開滿鮮豔的花朵。這裡的油菜花並不是觀賞用，而是農家為了生產菜籽油所種植，種植面積在日本國內名列前茅。象徵幸福的金黃油菜花為這片土地捎來了春天造訪的訊息。蔚藍的天空與鋪滿大地的黃色花海形成美麗對比，讓來訪者深深著迷。

 如何取得最新資訊

橫濱町公所 　☎0175-78-2111

青森縣上北郡橫浜町寺下35

 5月上旬起是開花時節　　季節／時間

1	2	3	4	5	6	7	8	9	10	11	12

5月上旬起的1個月間是油菜花的花季。油菜花會在每年5月中旬前後盛開，吸引遊客湧入。尤其在5月第3週日舉辦的「油菜花節」更是人潮的高峰。如果想悠閒地好好享受活動氣氛的話，建議在上午早一點的時段前來。

賞花時節　油菜花 5月

還會舉辦各種大型活動　　貼心叮嚀

除了在開花期間內會打造油菜花田大迷宮（收費）外，5月第3週日還有「油菜花節」，會舉辦馬拉松比賽、舞台表演、免費發放特產等各種活動。

所在地

放眼望去盡是黃色的廣闊花田，散發出油菜花的甜香，讓人不禁想要深呼吸

 車站與油菜花田有一段距離 交通

■ 從野邊地站搭乘JR大湊線至陸奧橫濱站約30分

陸奧橫濱站
橫濱町公所
公路休息站 よこはま
橫濱町的油菜花田

搭JR大湊線
約30分

陸奧灣

青森灣

Festival City Auga
青森新鮮市場

鳥帽子岳 △

青い森鐵道

野邊地站

青森縣

八戶站

大湊線的班次為1～2小時1班，從陸奧橫濱站開車至油菜花田約15分，由於站前幾乎沒有計程車，因此自行開車較為方便。僅油菜花節當天有從陸奧橫濱站發車的接送巴士。

 **把握花季期間欣賞難得的絕景** 行程範例

上午 趕在中午前抵達避免人潮擁擠
在陸奧橫濱站叫好計程車，前往大豆田一帶。

第1天

下午 盡情享受廣大的油菜花田景觀及花香
以黃色展望台為目標，走進油菜花田的大迷宮。展望台上可將廣大的油菜花田及陸奧灣景色盡收眼底。可在公路休息站 よこはま用餐或購買伴手禮。

第2天

上午 近距離接觸當代藝術及繩文文化
走訪因獨特企劃而備受矚目的青森美術館，及可進行繩文體驗的特別史蹟三內丸山遺跡。

下午 品嘗剛上岸的新鮮漁獲
回程路上前往青森站前的Festival City Auga新鮮市場大啖鮮美的海鮮吧。

 住宿情報 青森站、八戶站周邊有豐富的住宿設施，第1天的觀光結束後就往這兩地移動吧。

橫濱町的油菜花田

27 隱身雲海間的戰國時代遺跡 「日本的馬丘比丘」

たけだじょうせき

兵庫

竹田城遺址

所在地

有「虎臥城」之稱的竹田城遺址全景。從稍微隔了點距離的立雲峽展望台可以欣賞到這樣的景色

1 相傳是室町時代中期的1443年由山名宗全所建，最後的城主赤松廣秀打造成現在的模樣。晴天時俯瞰山下景緻也非常棒。

2 積雪時的景象也非常美麗，不過觀賞時請留意腳步。

3 運氣好的話，可在雲海裡賞櫻

僅有清晨有緣見到從雲霧間現身彷彿來自仙境的莊嚴景象

　　靜靜佇立在但馬地區南部山間的竹田城遺址，在廢城後經過了400年以上的現在，仍幾乎完整保存了殘存建築，是日本國內罕見的山城遺址。竹田城的天守台標高353.7m，並有別具特色的「穴太積」石牆，佔地達南北400m、東西100m。極具歷史的城牆不僅光是欣賞就值回票價，最大的魅力在於被雲海圍繞的夢幻之姿。秋天時這裡周邊的山谷早上會起霧，只有遺址所在的山頂會從雲霧間露臉，這樣的景象可說是「日本的馬丘比丘」。會不會出現雲海完全依天候而定，但許多人為了一睹神秘飄渺的絕景，一大早就會前來等候。

ⓘ 如何取得最新資訊

情報館 天空之城
☎079-674-2120　兵庫縣朝來市和田山町竹田363
朝來市公所產業振興部觀光交流課
☎079-672-4003

🍀 氣象條件完備時才會出現雲海　季節／時間

1	2	3	4	5	6	7	8	9	10	11	12

9～11月的日出時分到上午8時前後比較容易出現雲海，出現的條件是天氣晴朗、風勢弱、日夜溫差大。如果3天之內下過雨的話會更容易有雲海。冬天時雖然可步行登城，但因為會積雪所以相當危險，所有車輛都會禁止通行。

賞花時節　櫻花　4月上旬～中旬

👣 主要觀景點有2處　貼心叮嚀

　　觀賞絕景的方法主要有2種，一是直接登上竹田城遺址，另一種則是從立雲峽眺望全景。由於在這2處間的移動需要1～2小時的時間，因此建議事先決定好要以哪一處為優先。自駕車可以開到立雲峽的停車場，前往竹田城遺址則只能開至途中的「山城之鄉」。也可以考慮將車輛停放在竹田站周邊的停車場。

絕景達人教你玩

雖然標高只有354m，還是要做好登山準備。容易出現雲海的秋天及櫻花綻放的春天會湧入人潮。從竹田城遺址及立雲峽眺望的景觀都很棒，位於竹田城遺址西北方的藤和峯景色也同樣優美。請勿在此吸菸或使用火燭等，也不要攜帶寵物前來。

吉田先生（攝影家）

天空近在咫尺的日本山城 探訪群山間浪漫夢幻的城堡遺址

山城的歷史可追溯至卑彌呼時代

日本的城堡依其所在地的地勢可分為山城、平山城、平城等。竹田城及備中松山城（➡P.92）屬於中世、近世時期的山城，不過有專家指出，日本山城的歷史可追溯至與魏志倭人傳中記載與「倭國亂」有關的彌生時代高地性聚落「彌生山城」（森浩一著《日本神話の考古学》）；另外還有因桃太郎擊退妖魔的傳說而聞名的岡山縣總社市的鬼之城等古代山城。戰國時代的山城是將整座山要塞化，築成土壘或壕溝，「於各處設置陷阱，彷彿走入迷宮般」（萩原さちこ著《戰國大名の城を読む 築城・攻城・籠城》），如此一來「藉由土木工程讓整座山充滿高低起伏及障礙物，就像現代的戶外運動設施一樣」（同上書）。造訪這些山城的遺址時，也不禁讓人的思緒穿越時空，想像起當年的景象。

聳立於龜山山頂的越前大野城，是織田信長的家臣金森長近所修築。
（攝影：佐佐木修）

為何現存的山城如此稀少？

富麗堂皇的安土城雖然被歸類為山城，不過比起軍事上的意義，安土城更像是權力地位的象徵。在這座革命性的城池出現之後，戰國山城越來越少，再加上織田信長與豐臣秀吉推動的「破城」（破壞無用的城堡）政策，也促使後來的江戶幕府發布了一國一城令。

🚗 穿著方便登山的服裝　　交通

■ 從姬路站搭乘JR播但線（於寺前站轉車）至竹田站約1小時30分
■ 從和田山IC開車至立雲峽約10分

城崎溫泉
竹田站
和田山IC
竹田城遺址
兵庫縣
立雲峽
開車10分
北近畿豐岡自動車道
429
寺前站
搭JR播但線約1小時30分
29
312
427
中國自動車道
岡山
姬路站
山陽自動車道
山陽新幹線
山陽本線
神戶
山陰本線
15km

前往竹田城遺址可以從竹田站以步行方式走登山道40～60分；或搭計程車到山腰的停車場（特定期間的白天會有「天空巴士」行駛），再由此步行約20分。雖然也可以開車至遇不到山腰停車場的「山城之鄉」，但還是得換乘天空巴士或步行至山腰停車場。若要前往立雲峽最高的觀景點，則得從停車場步行約50分。

✏️ 當天在天亮前便要動身　　行程範例

第1天	上午	**在姬路市內觀光後租車前往竹田** 到了姬路後可以馬上先租車，但等到下午再租也沒關係。姬路城及好古園等觀光景點都在從姬路站步行就可到的範圍內，而且也有巴士可搭。
	下午	**漫步竹田街頭並做好隔天絕景之旅的場勘** 到了竹田之後先去逛逛城下町，這裡也有觀光服務處「情報館 天空之城」。也可以趁天色還亮時，先去確認通往竹田城遺址的登山道及前往立雲峽的道路。住宿可選擇住在竹田站周邊或隔壁站和田山站附近。
第2天	上午	**清晨出發，目標是立雲峽** 為了看整座竹田城遺址從雲霧間浮現的姿態，日出前就要到立雲峽等待。欣賞了雲海之後再前往竹田城遺址。如果想在竹田城遺址近距離看雲海的話，停車場「山城之鄉」早上8時才開始營業，因此只能步行。
	下午	**看完絕景後好好泡個溫泉** 開車往北約1小時便可到達城崎溫泉。在這裡逛逛溫泉街、泡個湯，舒緩起了個大早的疲憊吧。

這樣玩更有意思♪

🦀 但馬的松葉蟹

但馬地區在11月～3月底可以吃到美味的松葉蟹。城崎溫泉等地的旅館有各種搭配螃蟹料理的住宿方案。

🍜 出石皿蕎麥麵

出石地區在朝來市北方，知名美食為蕎麥麵。特色是會將蕎麥麵分裝在盤子內送上桌。

精選推薦景點 ‖‖‖‖‖‖‖‖‖‖‖‖‖‖‖‖‖‖‖‖‖‖‖‖‖‖‖‖‖‖‖ 👟

享受7座外湯巡禮

城崎溫泉 きのさきおんせん

從竹田站搭播但線、山陰本線約1小時

關西數一數二的溫泉，種植著柳樹的河岸旁便是充滿情調的溫泉街。穿著浴衣走訪一座座外湯以及使用名產松葉蟹製作的料理很受歡迎。

28 以標高430m的高度為傲 座落雲霧之上的莊嚴山城

びっちゅうまつやまじょう

備中松山城

岡山

矗立於山巔的
日本三大山城之一

　　備中松山城是座落在高梁市北端，有4座山峰相連的臥牛山上的山城。所在地的小松山山頂標高430m，是目前保存了天守的山城之中最高者。這座城堡是鎌倉時代備中國有漢鄉的地頭（地方官吏）秋庭三郎重信所建，水谷勝宗於1683年時加以修築。由於位處連接山陰與山陽地方的要衝，戰國時代為兵家必爭之地，城主也不斷地更替。

ⓘ 如何取得最新資訊

（一般社團法人）高梁市觀光協會　☎0866-21-0461

址 岡山縣高梁市橫町1694-4

有雲海的早晨最值得推薦　　　季節／時間

1	2	3	4	5	6	7	8	9	10	11	12

可眺望天守及備中松山城的展望台全年都可造訪。如果想從展望台欣賞天守從雲海間浮現的景色，9月下旬至4月上旬是最適合的期間。尤其是10月下旬至12月上旬，早上出現濃霧的機率較高。

建議開車前往展望台　　　貼心叮嚀

展望台位在沿國道484號朝著臥牛山往北行駛約4km處，由於必須要開車，且地方並不好找，可先向觀光協會詢問。冬季時會因降雪而不易行走。另外，附近並沒有廁所，而且可能會遇到野生的猴子，請多加注意。

所在地

從展望台眺望的景色。散發莊嚴氣息的雲海簇擁著沐浴在晨光中的天守

留意週末的車輛管制　　交通

■ 從賀陽IC開車至ふいご峠約30分
■ 從岡山站搭乘JR伯備線特急やくも至備中高梁站約35分

3月～12月第2週的週六、日、假日有接駁巴士行駛於ふいご峠及其前方的城見橋停車場。此期間內，一般車輛只能行駛至城見橋停車場為止。備中高梁站有開往ふいご峠的共乘計程車。

將展望台安排在第2天行程中　　行程範例

第1天

上午　**藉由開車與搭接駁巴士前往備中松山城**
將車子停在城見橋停車場，搭接駁巴士至ふいご峠，然後登山約20分，抵達天守。

下午　**於弁柄之村—吹屋自在兜風觀光**
看完備中松山城後，可去城下町走走。接著開車前往吹屋，漫步在滿是紅色弁柄（氧化鐵紅）灰泥牆建築的街道上。於笹畝坑道及弁柄館等景點所在的吹屋故鄉村觀光後，回到備中高梁站近過夜。

第2天

上午　**從展望台最後一次看雲霧繚繞的備中松山城**
早晨開車前往觀賞雲海的展望台，將太陽從朝霧間升起與漂浮在雲霧中的天守景象烙印在腦海中。中午前出發前往倉敷。

下午　**從備中松山城開車約1小時至倉敷**
在倉敷美觀地區觀光後踏上歸途。

住宿情報　備中高梁站步行可到的範圍內有商務飯店及數間旅館。

從龜老山展望公園眺望來島
海峽大橋是瀨戶內島波海道
最具代表性的景色

1 全長約4km的來島海峽大橋，也是全世界第一座三連式吊橋
2 可以享受海風吹拂，在大自然美景陪伴下騎自行車，受到眾多自行車騎士喜愛
3 連結因島與向島的因島大橋，日暮時分的風景也美極了

橋梁串起匯集各種觀光景點的島嶼 多樣的交通方式也是一大魅力

　　瀨戶內島波海道是連結尾道與今治，全長約60km的汽車專用道路。尾道及向島、因島、生口島屬於廣島縣；大三島、伯方島、大島、今治則隸屬愛媛縣。這些島嶼除了有車道連接外，還有自行車與行人專用道，能享受騎車及健走的樂趣。這裡也是日本第一條跨海的自行車道，因此聲名遠播，受到日本國內外自行車騎士喜愛。沿線關於自行車的設施也很完善，自行車出租站共有15座，可以在任何一座借車、還車。位於大島、向島的展望台及因島的白瀧山等地，都能眺望有「日本愛琴海」之稱的瀨戶內海美景。

✻ 春、秋來趟舒適的自行車之旅　　季節／時間

1	2	3	4	5	6	7	8	9	10	11	12

　　瀨戶內島波海道一年四季可欣賞到不同美景，若要騎自行車的話，4～5月、9～10月等時節最為舒適宜人，相當熱門。這段期間還會舉辦自行車活動。自行車不建議晚上騎乘，若是想欣賞夜間點燈的景象，開車前來較為理想。

要騎自行車的話建議過夜　　貼心叮嚀

　　如果騎自行車走完全程，除了過橋之外，進入各島嶼時要走一般道路，無法騎在瀨戶內島波海道上。慢慢騎的話大概要10小時，因此可以順便在沿途的島嶼觀光，住上一晚。騎乘自行車時記得視自己的狀況做好配速，並遵守靠左騎乘、速度不要太快等禮儀。人氣最高的展望台是位於大島南端的龜老山展望公園，可將來島海峽大橋及海上的一座座島嶼盡收眼底。

ℹ 如何取得最新資訊

尾道站觀光服務處	✆ 0848-20-0005	址 広島県尾道市東御所町1-1
瀨戶田町觀光服務處	✆ 0845-27-0051	址 広島県尾道市瀨戶田町沢200-5
今治地區觀光情報中心	✆ 0898-36-1118
址 愛媛県今治市北宝来町1-775（JR今治站）

絕景達人教你玩

各島嶼上都有許多地方可以欣賞眾多島嶼散落於瀨戶內海上的絕景。像是山上的展望台、海邊、橋上等，大家不妨去開發自己專屬的私房景點。開車來玩當然很棒，不過我最推薦騎自行車。

吉井小姐(尾道小姐)

選擇適合自己的交通工具橫跨諸島　交通

■從廣島站開車至西瀨戶尾道IC約1小時10分

■從松山機場開車至今治北IC約1小時20分

如果是開車，西瀨戶尾道IC至今治IC間有3座交流道、8座限制進出方向的單向交流道，走完瀨戶內島波海道全程約50分。自行車只能騎乘瀨戶內島波海道的橋梁路段。也有しまなみライナー等高速巴士行駛。

從尾道展開自行車之旅　行程範例

第1天

上午 朝今治出發！
在尾道租自行車後，於尾道站前搭渡船約5分前往向島，然後騎上連接向島與因島的因島大橋。

下午 在整座島都是美術館的生口島過夜
午餐享用了生口島著名美食章魚飯後，在有眾多戶外藝術作品的島上散步。造訪建於室町時代的向上寺三重塔等地後，前往下榻的旅館。

第2天

上午 終於來到愛媛縣！前進大三島
進入大三島後騎乘約30分鐘可來到有日本總鎮守之稱的大山祇神社。參拜之後行經伯方島向大島邁進。

下午 大島～今治，一口氣衝向終點
享用了大島的新鮮海產後，登上位於大島南端的龜老山山頂展望台，俯瞰來島海峽大橋。從這裡騎往今治站路程約1小時。

這樣玩更有意思♪

● 瀨戶田檸檬
生口島是日本國產檸檬的發祥地，產量居全國之冠。以檸檬做的甜點是伴手禮的最佳選擇。

✳ 騎自行車
沿路上有多座自行車出租站，可以甲地租乙地還。雖然出租站準備了約1500輛的自行車，但在黃金週等旺季有可能早上就被租借一空，請多加注意。

✳ 海潮體驗
搭上遊船在猛烈激流旋轉的海水中乘風破浪，體驗流速最快可達10節的海潮，震撼感十足。
能島水軍　**☎**9:00～16:30　**休**週一（逢假日則翌日休）　**貴**1000日圓

（地圖）

採2層結構設計，自行車行走下層，看不到什麼景色

整座島上散布著雕刻作品，稱之為「島ごと美術館」

全國山祇神社的總本社

瀨戶田町觀光服務處

海潮體驗可體會到在海潮中前進的刺激感

造型如鳥兒張開翅膀般的斜張橋

可以眺望夜間點亮了燈光的橋梁及今治夜景

為瀨戶內島波海道長度最長的橋梁，橋上可將來島海峽一覽無遺

廣島縣

三原站

尾道JCT　山陽自動車道
西瀨戶尾道IC
新尾道站
尾道大橋IC
尾道站
向島IC　尾新尾道大橋IC
高見山展望台　向島
因島大橋
白瀧山　因島北IC
因島　因島南IC
生口橋　生口島北IC
生口島
生口島南IC
大山祇神社　多多羅大橋
大三島IC　公路休息站 多多羅しまなみ公園
大三島
伯方島
伯方島IC
瀨戶內島波海道　伯方・大島大橋
大三島北IC　海潮體驗搭船處
大島
來島大橋
大島南IC　龜老山展望公園
愛媛縣　今治北IC
今治地方觀光情報中心
今治站
今治IC

瀨戶內海

精選推薦景點

細細品味與島上風景融為一體的當代藝術作品

島ごと美術館　しまごとびじゅつかん

> 從西瀨戶尾道IC開車約20分

生口島上四處可見雕刻作品。這些作品是由藝術家自行選定想設置的地點，根據那個地點的形象打造而成。有全島美術館之稱。

絕佳拍照地點！還有五花八門的在地美食

公路休息站 多多羅しまなみ公園　みちのえき たたらしまなみこうえん

> 從大三島IC開車即到

悠閒愜意，讓人覺得身心舒暢的公園，一面吹著海風，一覽多多羅大橋的景色，是絕佳觀景點。還設有特產品中心等，最適合在此買伴手禮、中途休息。

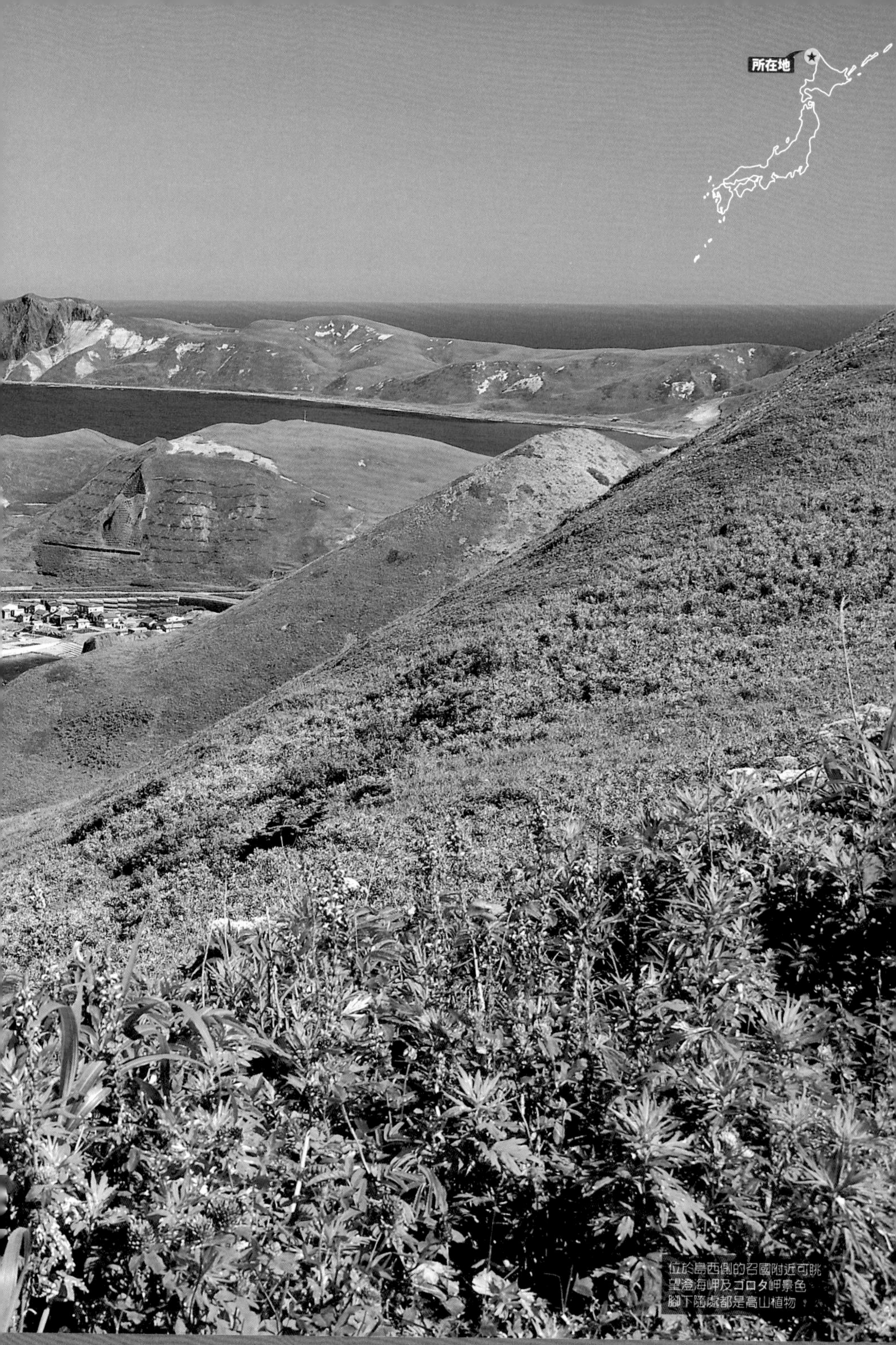

位於島西側的召國附近可眺
望澄海岬及ゴロタ岬景色
腳下隨處都是高山植物

1 天氣好時可以看見聳立於遠方的利尻山。拳參等高山植物嬌柔的姿態中帶有一股韌性
2 元地燈塔附近生長著山鳶尾、禮文金梅草等高山植物
3 運氣好的話，還可以在須古頓岬看到海豹

得天獨厚的自然環境
讓高山植物現身接近海平面的高度

　　禮文島位於稚內西方60km處，是日本海側最北的離島，暱稱為「花之浮島」。夏天時島上會有多達300種的花卉綻放，還可以看到在本州只有標高2000m以上的高山才能見到的稀有高山植物。在這座刮著強風的島上，連雪也會被風吹走，因此冬季積雪並不多。受冷風吹拂的地面會凍結至地底深處，使得耐寒的高山植物得以在此扎根。禮文島上生長著禮文拖鞋蘭等別處沒有的珍貴花卉，開花時期會有大批遊客湧入。來到島上可以沿健行路線漫步大自然中，欣賞在短暫的夏季展現繽紛色彩的花朵。

ℹ 如何取得最新資訊

禮文島觀光協會　☎0163-86-1001
🏠北海道礼文町香深村 トンナイ禮文町公所產業課
禮文島觀光服務處　☎0163-86-2655
🏠香深渡輪總站內（僅4月～10月中旬開放）

🍀 挑選開花高峰期前來　　季節／時間

1	2	3	4	5	6	7	8	9	10	11	12

雖然5月下旬～7月中旬是最多花開的時候，但這段期間天候並不穩定，天晴的日子不多。7～9月則有較多晴天，能欣賞到碧海藍天的景色，但花朵較少。這個時節的海膽、昆布、花鯽魚等海鮮也很美味。

賞花時節　禮文拖鞋蘭 5月下旬～6月
禮文薄雪草 6～8月

👣 在健行途中欣賞各式花卉　　貼心叮嚀

島上共有6條可欣賞到美麗高山植物的健行路線，從適合初學者的3km路線，到8km的高手級路線都有。也有的路線較為陡峭難走，請斟酌自身體力挑選適合的路線。行走途中也請遵守規定，不要損傷周遭動植物。

絕景達人教你玩

禮文島有許多絕景，從東海岸眺望利尻島、西海岸的奇岩及夕陽、群生的高山植物等。搭乘遊船從海上觀賞西海岸或是剝海膽體驗也很推薦。島上風大而且早晚氣溫低，建議準備防風外套。

中島先生（禮文島觀光服務處）

租車在島上移動

交通

■ 從稚內港搭乘渡輪至香深港約1小時55分

行駛於稚內港與香深港間的渡輪航班數因時期而異，4月～10月底止為1日4班，其他時期1日2班。在島上的移動以租車自駕較為方便，但油價較高。也可以考慮參加觀光巴士旅遊。

盡情擁抱大自然與美食

行程範例

第 1 天

上午　**到達香深港後租車兜風去**
開車走訪金田之岬、須古頓岬、澄海岬，然後前往高山植物園，這裡可以看到禮文島特有的高山植物。

下午　**午餐就享用海膽蓋飯**

品嘗了知名美食海膽蓋飯後，從桃台貓台欣賞桃岩與貓岩，並在元地海岸觀看夕陽美景。晚餐就吃新鮮的海鮮料理吧。

第 2 天

上午　**接觸高山植物的健行之旅**

選擇從香深港出發一路走到知床附近的桃岩展望台路線。前往元地燈塔的沿途是高山植物的寶庫。也可以報名旅行團，在導遊帶領下於島上散步。

下午　**別忘了伴手禮**
伴手禮就買漁會獨家推出的水產加工品吧。

精選推薦景點

桃子形狀的岩石是人氣拍照景點
桃岩展望台　ももいわてんぼうだい

從香深港開車約15分

桃岩附近的野生植物被指定為北海道的天然紀念物。天氣好時還能遠眺利尻島。

澄澈海水與嬌柔花朵構成的美景
澄海岬　すかいみさき

從香深港開車約50分

海水透明澄澈的海灣景色不容錯過，蔚藍海洋與繽紛花朵形成美麗構圖。

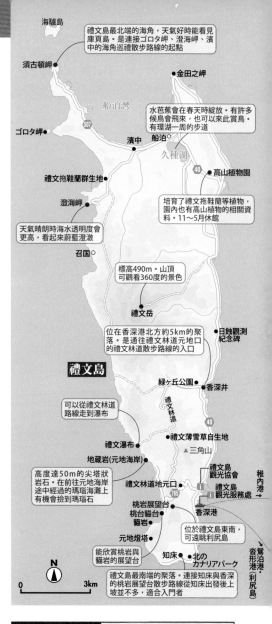

海驢島

禮文島最北端的海角，天氣好時能看見庫頁島。是連接ゴロタ岬、澄海岬、濱中的海角巡禮散步路線的起點

須古頓岬

金田之岬

水芭蕉會在春天時綻放。有許多候鳥會飛來，也可以來以此賞鳥。有環湖一周的步道

船泊灣

ゴロタ岬

濱中　船泊

久種湖

高山植物園

禮文拖鞋蘭群生地

培育了禮文拖鞋蘭等植物，園內也有高山植物的相關資料。11～5月休館

澄海岬

天氣晴朗時海水透明度會更高，看起來蔚藍澄澈

召国

標高490m。山頂可觀看360度的景色

禮文岳

位在香深港北方約5km的聚落。是通往禮文林道地元口的禮文林道散步路線的入口

日蝕觀測紀念碑

禮文島

綠ヶ丘公園

香深井

可以從禮文林道路線走到瀑布

禮文薄雪草自生地

禮文林道

三角山

禮文瀑布

地藏岩（元地海岸）

禮文島觀光協會

稚內港→

高度達50m的尖塔狀岩石。在前往元地海岸途中經過的瑪瑙海灘上有機會撿到瑪瑙石

禮文林道地元口

禮文島觀光服務處

桃岩展望台
桃台貓台
貓岩

位於禮文島東南，可遠眺利尻島

香深港

元地燈塔

能欣賞桃岩與貓岩的展望台

知床

北のカナリアパーク

鴛泊港・利尻島

沓形港・利尻島

禮文島最南端的聚落。連接知床與香深的桃岩展望台散步路線從知床出發後上坡並不多，適合入門者

N

0　　　　3km

這樣玩更有意思♪

🍚 海膽蓋飯
吃利尻昆布長大的禮文海膽堪稱極品。這裡的蝦夷馬糞海膽帶有濃郁甜味，適合生吃。

🍲 花腳魚鍋鍋燒
在帶有油脂、濃縮了鮮甜滋味的新鮮根花鰤魚上放上蔥味噌享用，是禮文島的傳統料理。

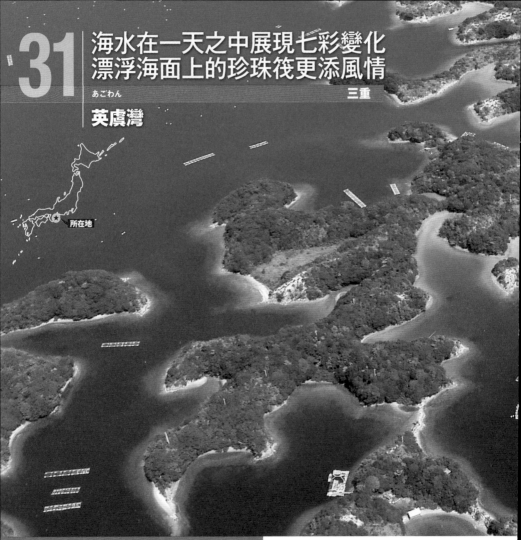

31

海水在一天之中展現七彩變化
漂浮海面上的珍珠筏更添風情

あごわん

三重

英虞灣

所在地

展望台可眺望整座海灣的美景
想深入海岸線就搭乘遊覽船

　英虞灣是志摩半島南端的谷灣式海岸所圍成的內海，散布著賢島等約60座島嶼。從位於小山丘半山腰的橫山展望台可將星羅棋布的島嶼及複雜海角構成的絕景盡收眼底。如果想看瞬息萬變的夕陽景色，則要去東側的登茂山展望台。這裡也是著名的珍珠養殖地，不過近年來由於環保意識高漲，英虞灣也積極推動海域環境再生的活動。

(i) 如何取得最新資訊

橫山遊客中心　☎0599-44-0567
三重県志摩市阿児町鵜方875-24（橫山園地）

 冬季景觀更加清新澄淨　　季節／時間

1	2	3	4	5	6	7	8	9	10	11	12

英虞灣的美景並不限定於特定季節，不過在空氣清新的冬天看起來會更加潔淨明亮。如果想搭乘灣內的遊船，可以考慮春、秋等天候較穩定的季節。

 有多座展望台可選擇　　貼心叮嚀

位於鵜方站西側的橫山園地有橫山展望台等4座展望台。通往橫山展望台的路修築成了斜坡，方便乘坐輪椅的遊客。在パノラマ展望台則有機會看到富士山。賢島西班牙周遊船及賢島遊覽船公會的遊覽船是從賢島站附近的港口出發，可以從海上欣賞風景。

英虞灣是伊勢志摩國家公園的一部分，複雜的海岸線十分美麗。島和島之間漂浮著一艘艘腹珠養殖筏

 以鵜方站作為出發基地
交通

從伊勢西IC開車至橫山展望台約40分

電車的話可搭乘近鐵特急列車，若從大阪出發，於鶴橋站上車，鵜方站下車；若是從名古屋出發，則在近鐵名古屋站上車，鵜方站下車。從鵜方站開車至橫山展望台約15分，至登茂山展望台約25分。到了鵜方站後租車自駕會比較方便。

0 ━━━ 10km

捕捉海水的色彩變化
行程範例

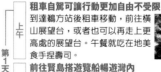

第1天 上午
租車自駕可讓行動更加自由不受限
到達鵜方站後租車移動，前往橫山展望台，或者也可以再走上更高處的展望台。午餐就吃在地美食手捏壽司。

第1天 下午
前往賢島搭遊覽船暢遊灣內
有賢島西班牙周遊船及賢島遊覽船公會的遊覽船2種選擇，可依航線及出航時間等來做選擇。傍晚前往登茂山展望台觀賞令人感動的夕陽美景。還可以走訪大王埼燈塔等處。晚上就挑間能看到海景的旅館過夜吧。

第2天 上午
順道參訪伊勢神宮
早點起床，再次欣賞晨間的英虞灣景色，然後前往伊勢，參拜散發莊嚴氣息的伊勢神宮。

第2天 下午
在伊勢神宮附近吃美食、買伴手禮
順便逛逛おはらい町、御蔭橫丁，然後就踏上歸途。

32

孕育出豐富自然景觀與獨特文化
有眾多風景名勝的絕景之島

さどがしま　　　　　　　　　　　　　　　　新潟

佐渡島

大野龜是一整塊的巨大岩石，
在斜坡上綻放的飛島萱草捎來
了夏天造訪的訊息

1 尖閣灣連綿著高約30m的斷崖。也可以搭乘遊覽船等從海上仰望這裡的景色

2 約有300年歷史的佐渡梯田

3 看起來有如兩隻烏龜盤踞海面，因此取名為二龜。前方為海水浴場

北部的大佐渡山脈
打造出眾多壯觀的風景名勝

　　佐渡島的海岸線約有280km，在日本的離島中長度僅次於沖繩本島。山脈綿延的北部與南部、身為穀倉的國仲平原與中部等各地區景觀皆有不同，呈現出樣貌豐富的植物生態。

　　北部的外海府海岸有許多奇岩、巨岩等，其中標高167m，突出於海面的大野龜是一整塊的巨岩，充滿氣勢的景象十分震撼。可以步行至頂端附近，居高臨下眺望四周風景。南部的景觀則相對柔和，小木海岸由熔岩構成的礁岩地帶饒富變化，並有岩百合點綴其間。周邊還有以造船木工小鎮聞名的宿根木街道，以及可進行木盆舟體驗的景點等。

ℹ️ 如何取得最新資訊

佐渡觀光協會 兩津港服務處（佐渡汽船航站內）
📞0259-27-5000 📍新潟県佐渡市両津湊353
※相川、真野灣、小木町也有觀光服務處

🍀 四季各有不同魅力　　　　季節／時間

1	2	3	4	5	6	7	8	9	10	11	12

佐渡島除了山區外，降雪並不多，一整年都適合來玩。大野龜在初夏時飛島萱草盛開的景象值得推薦。冬天可品嘗到鰤魚及甜蝦（北國紅蝦）等美味海鮮。夏天會有許多前來戲水、參加夏日祭典的遊客，十分熱鬧。**賞花時節** **雪割草** 3月下旬～4月下旬 **菊咲一華** 4月上旬～5月下旬 **豬牙花** 4月下旬～5月中旬 **飛島萱草** 6月上旬～中旬

👟 穿著方便活動的服裝觀光　　　貼心叮嚀

前往大野龜、二龜、大佐渡石名天然杉步道等景點都會需要爬坡，因此建議穿著運動鞋及方便活動的衣物。由於島上有許多窄路及彎道，開車時請多加留意。另外也請遵守垃圾自行攜回、不要破壞自然環境等禮儀。

絕景達人教你玩

佐渡觀光協會的職員們

佐渡一年四季都適合來玩，不過最推薦的還是大野龜的飛島萱草盛開的時期。2011（平成23）年落成的大佐渡石名天然杉步道可以看到許多巨大的天然杉樹，讓人感受到佐渡的豐富自然資源。

兩津港～新潟港的航班數量多　交通

- 搭乘噴射水翼船（高速船）約1小時5分
- 大野龜
- 兩津港
- 佐渡島
- 佐渡海峽
- 赤泊港
- 小木港
- 寺泊港
- 新潟機場
- 新潟站
- 上越新幹線
- 北陸自動車道
- 信越本線
- 越後線
- 350
- 290
- 新潟縣
- 柏崎站
- →直江津港
- 25km

從新潟港搭乘噴射水翼船（高速船）至兩津港約1小時5分

新潟港～兩津港間的高速船及渡輪班次相當密集。另外也有寺泊～赤泊、直江津～小木的航線，不過班次不多。佐渡島上各地皆有路線巴士相互連結，不過租車自駕較為方便。

這樣玩更有意思♪

✱ 力屋觀光汽船

可以乘坐田女船夫操縱的木盆舟，或一面接受指導一面自己划船。

- 營 8:20～17:00 ※因時期而異
- 休 無休　費 500日圓

✱ 尖閣灣揚島觀光 海中透視船

搭上海中透視船（玻璃船）不僅能飽覽曲折複雜的海岸線風光，還能從船底觀察海中的景象。

- 營 8:00～17:30 每隔15分鐘出航 ※因時期而異
- 休 12月～3月上旬　費 1100日圓（包括尖閣灣揚島遊園門票）

✱ 薪 能

可以在神社的能舞台等戶外場所與當地人一同觀賞能劇表演。時間請上觀光協會網站確認。6～7月的表演場次較多。

✎ 2天1夜玩遍佐渡島　行程範例

第1天

上午　搭乘早班船前往兩津港
從新潟港搭噴射水翼船（高速船）至兩津港，租好車後驅車前往可以近距離觀賞朱鷺的朱鷺森林公園。

下午　挑戰自己划木盆舟
前往小木，體驗自己划木盆舟。接著造訪千石船與造船木工小鎮—宿根木。當晚在靠近佐渡金山的相川地區過夜。

第2天

上午　有時間的話就去尖閣灣搭海中透視船
參觀佐渡金山。坑道內除了有2條參觀路線外，還有許多與金山相關的產業遺產，值得一看。之後前往尖閣灣，登上瞭望台眺望美景。

下午　最後前往大野龜＆二龜欣賞絕景中的絕景
大野龜是從遠處觀賞便讓人感動萬分，不過時間夠的話也不妨上去走走。接著順便造訪位於島北端的二龜，然後前往兩津港趕搭最後一班船。二龜至兩津港建議預留1小時移動時間。

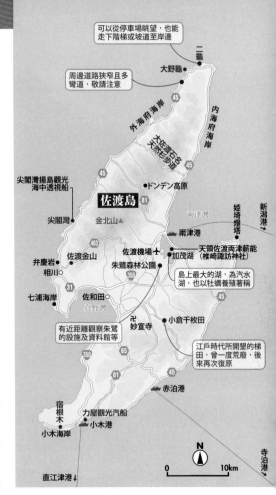

- 可以從停車場眺望，也能走下階梯或坡道至岸邊
- 二龜
- 大野龜
- 周邊道路狹窄且多彎道，敬請注意
- 外海府海岸
- 內海府海岸
- 大佐渡石名天然杉步道
- 45
- ドンデン高原
- 尖閣灣揚島觀光海中透視船
- 尖閣灣
- 金北山▲
- **佐渡島**
- 81
- 兩津灣
- 姬埼燈塔
- 新潟港
- 兩津港
- 45
- 463
- 佐渡金山
- 佐渡機場
- 天領佐渡兩津薪能（椎崎諏訪神社）
- 加茂湖
- 弁慶岩
- 相川
- 朱鷺森林公園
- 350
- 島上最大的湖，為汽水湖，也以牡蠣養殖著稱
- 31
- 七浦海岸
- 佐和田
- 真野灣
- ✝ 妙宣寺
- 小倉千枚田
- 45
- 有近距離觀察朱鷺的設施及資料館等
- 350
- 65
- 江戶時代所開墾的梯田，曾一度荒廢，後來再次復原
- 81
- 赤泊港
- 宿根木
- 力屋觀光汽船
- 小木港
- 小木海岸
- 直江津港
- 寺泊港
- N
- 0　10km

精選推薦景點 👟

認識支撐起近代日本的礦山

佐渡金山　さどきんざん

> 從兩津港開車約1小時

不僅有江戶時代挖掘的「宗太夫坑」與明治時代之後的「道遊坑」，還有資料館等可參觀。山腳下的北澤地區也保存了許多產業遺產。

千石船與造船木工之城

宿根木　しゅくねぎ

> 從兩津港開車約1小時10分

宿根木過去因為是北前船的靠港地曾繁榮一時，石板小路兩旁建有一棟棟木板外牆的2層民房，呈現出獨特景觀。

33 雄偉壯麗的海上孤島
活火山的噴火口依舊可見人煙

あおがしま

東京

青島

所在地

日本人口最少的村落
東京都轄下孤懸於太平洋的離島

　　青島是從東京往南約360km，位在伊豆群島最南端的島嶼。這座「島」為二重式火山臼8合目以上的部分，約有170名村民在此生活。島上最高處為外圈的大凸部（標高423m），可以將內圈的丸山等周遭地區盡收眼底。由於青島是一座火山島，有許多會噴出水蒸氣的噴氣孔，島上現今仍有利用其熱能的三溫暖及地熱釜。

ⓘ 如何取得最新資訊

青島村公所　☎04996-9-0111
🏠 東京都青ヶ島村無番地

🍀 溫暖濕熱的南方島嶼

季節／時間

1	2	3	4	5	6	7	8	9	10	11	12

　　青島的年均溫為10～25℃上下，且全年濕度高，不過居住地區位於山丘上，因此環境宜人。在多颱風的秋天、海象容易不佳的冬天、多霧的梅雨季節等要前往島上非常困難，安排行程時要多加注意。島上最熱鬧的時候是舉辦夏日祭典「牛祭」的8月10日前後。

👣 直升機上可觀賞全景

貼心叮嚀

如果想從空中俯瞰整座島，就要在從八丈島前來或返回八丈島時搭乘「東京愛Land Shuttle」的直升機。一般從空中觀看的角度就如同右方照片所呈現的感覺。

1	
2	3
	4

1 島的北端靠近直升機場處有聚落，中、小學及民宿、郵局等日常生活重要場所皆聚集於此
2 3 據說地熱釜可以蒸熟雞蛋、馬鈴薯等各種食材
4 島上居民將會噴出水蒸氣的地方稱為「Hingya」

※島嶼空拍照片（左）是從與平常飛行路線不同的角度所拍攝

整座島為斷崖包圍，彷彿一座要塞。天明年間大噴發（1785年）後曾將島上淨空，不過現在約有170人居住在此

🚗 天公作美才有辦法登島　　交通

八丈島機場
ジョウマン　　搭直升機約20分
青島直升機場

青島村公所
郵局　　　　　佐佐木次郎太夫宅邸遺址
尾山展望公園
大凸部　　　　青島
　　　　　　　東京都
地熱三溫暖
　　　丸山
　　青宝隧道
青島港
0　　　1km

從羽田機場搭乘飛機至**八丈島機場約55分** ➡ 從八丈島機場搭乘直升機至青島直升機場約20分

東京愛Land Shuttle直升機限乘9人，要盡早預約。若搭乘渡輪，則是從東京竹下棧橋先搭至八丈島（約需11小時），再轉乘あおがしま丸前往青島（需2小時45分）。島上沒有大眾交通工具，可租車或與下榻的民宿討論。

✏️ 走訪名勝了解自然與歷史　　行程範例

上午　先從羽田前往八丈島
早上從羽田出發，經由八丈島抵達青島。

第1天　下午　租車自駕欣賞島上風光
租車之後便驅車走訪島上景點，前往位於岡部地區的尾山展望公園及大凸部等地，再欣賞丸山等島嶼景色。晚上可以去北邊的ジョウマン仰望星空。

第2天　上午　前往訴說青島歷史的景點
參觀還住像及佐佐木次郎太夫宅邸遺址。佐佐木是天明大噴發後重建青島的重要人物。

第2天　下午　造訪島上商店
前往島上唯一的商店物色伴手禮。也可以體驗用地熱打造的三溫暖。晚上就去島上唯二的居酒屋看看吧。

第3天　上午　經由八丈島返回東京
不論是空中、海上，都得視天候狀況而定。安排行程時請預留必須延長停留時間的狀況。

34

大小無數島嶼散落海面
箱庭般自成天地的風景名勝

まつしま　　　　　　　　　　　　　　　宮城

松島

松島因地形獨特，在2007獲選日本
百大地質景點。這裡也是賞月名勝

所在地

	1	
2		3

1 從大高森的展望台俯瞰，可將松島如庭園景緻般的景色盡收眼底，因而博得「壯觀」之稱
2 千貫島據說很受伊達政宗喜愛
3 五大堂之名的由來是因為此處供奉了五大明王像

與宮島、天橋立並列為日本三景
有4處可欣賞絕景的展望點

松島灣平靜的海面上散布著260餘座大小島嶼，這些島上生長著松樹，海與樹的對比打造出風光明媚的景色。松尾芭蕉等許多歌人都曾留下作品讚頌松島的美景。此處特異的地形是地層下沉與海面上升所致，據說約在5000年前形成了現在的面貌。以松島四大觀之名著稱的大高森、富山、多聞山、扇谷等四個展望點分布在松島灣周圍，其風景各擅勝場，分別被形容為「壯觀」、「麗觀」、「偉觀」、「幽觀」。若想近距離觀賞繁星般的島嶼構成的美景，可以搭乘從五大堂附近的棧橋出航的遊覽船。遊覽船航線有多種選擇，有的還會行駛至鹽釜。

 來看春天的櫻花、秋天的楓葉 季節／時間

1	2	3	4	5	6	7	8	9	10	11	12

松島一年四季都適合造訪，其中4月中旬～5月上旬的櫻花季，以及11月中旬～下旬的楓葉季尤其推薦。西行折回之松公園及扇谷分別是賞櫻花及紅葉的最佳景點。

賞花時節 **櫻花** 4月中旬～5月上旬

 從大高森眺望的美景不容錯過 貼心叮嚀

松島四大觀之中最值得推薦的，便是位於山上的大高森展望台。這裡往東望去為嵯峨溪，西有松島灣，遙遠的南方還有沒入藏王連峰身後的夕陽，可欣賞到遼闊的360度美景。從登山口走到山頂的展望台約需20分鐘，建議穿著好活動的服裝。

松島環島觀光船的船員們

絕景達人教你玩

這裡挺過了311大地震，每島嶼上都生長著綠意盎然的松樹，姿態、樣貌各異。請務必把握機會，從海上盡情欣賞大自然所打造的美景。黃金週、暑假、秋天的連假等旺季若開車前來會碰上塞車，請多預留一些交通時間。

i **如何取得最新資訊**

(一般社團法人)松島觀光協會 ☎022-354-2618
地 宮城縣宮城郡松島町松島町內98-1

松島大郷IC
松島北IC
→石巻
小牛田站
愛宕站
矢本站
陸前小野站
以三慧殿及秋天的紅葉聞名。也有姻緣觀音
富山
位於山頂的富山觀音為奧州三觀音之一
寺內的臥龍梅與伊達政宗有淵源
東北本線
手樽站
明神神社开
三陸自動車道路
松島站
陸前富山站
洞安寺卍
松島海岸站
高城町站
西的浜貝塚
陸前大塚站
野蒜站
利府JCT
松島海岸IC
瑞巖寺
圓通院
五大堂
觀光船搭船處
仙石線
東名站
通往五大堂的橋為中空設計，輪椅無法通行
松島灣
仙石線
西行折回之松公園
千貫島
伊達政宗十分鍾愛這座島，甚至曾說「能將這座島搬到我宅邸者，賞賜千貫錢」
松島四大觀之一的大高森地區也是知名的挖貝景點
扇谷
松島
大森島
大高森
宮戶島
西行法師與童子進行禪問答落敗後，放棄了松島之行的場所
奧松島遊覽船搭船處
陸前濱田站
扇谷之名是因為居高臨下俯瞰的景觀猶如一面扇子而來
浪花拍打岸邊飛濺的雄偉景色讓這裡博得了「偉觀」之名
桂島
寒風沢島
嵯峨溪
奧松島繩文村歷史資料館
伊保石公園
仙石線
塩釜水產物仲卸市場
東鹽釜站
有眼鏡島、蛙島等各種奇岩怪石
N
仙台站
本鹽釜站
多聞山
鹽釜港
0
2km

交通

租車移動最為方便

- 從仙台站開車至大高森約1小時25分
- 從仙台站搭乘JR仙石線至松島海岸站約25分

宮城縣
東北新幹線
三陸自動車道
鳴瀨奧松島IC
松島北IC
松島海岸站
石卷灣
松島灣
利府JCT
鹽釜港
開車約1小時25分
大高森
仙台站
多聞山
搭JR仙石線約25分
仙台東IC
0
10km

若要開車前往大高森，從松島海岸站出發約35分。從岩手一帶前來的話，距離鳴瀨奧松島IC約20分車程。登山口附近有一座停車場。仙台站到松島海岸站的電車1小時1～2班。

這樣玩更有意思♪

😊 松島環島觀光船

提供數種遊覽路線，帶領遊客近距離觀賞松島灣內充滿特色的島嶼。
🕘 9:00～16:00(11～3月為～15:00)
每小時1班 休 無休 費 1500日圓

🦪 松島牡蠣

松島名產的牡蠣特色為個頭小、肉質緊實。10月上旬～3月中旬為產季。

行程範例

親身感受松島風情

第1天 上午	**穿梭於松島灣，感受海風吹拂** 參觀松島知名地標五大堂，之後搭乘遊覽船從海上賞景。午餐就吃當地名產牡蠣。
第1天 下午	**眺望夕陽下的松島海景** 造訪與伊達政宗有深厚淵源的瑞巖寺、圓通院。開車前往松島四大觀，盡情飽覽在各景點欣賞到的松島灣風景及大高森的夕陽，回到飯店。
第2天 上午	**搭遊覽船賞嵯峨溪景色，於鹽釜港大啖壽司** 於奧松島搭乘遊覽船，欣賞日本三大溪之一的嵯峨溪。接著開車前往鹽釜港，午餐就享用以三陸當令海鮮製作的壽司。
第2天 下午	**在松島溫泉洗去一身疲憊** 開車回到松島海岸站，找地方泡個湯。還有時間的話，不妨順便品嘗松島著名的星鰻。

精選推薦景點 ||||||||||||||||||||||||||||||||||

象徵桃山文化的莊嚴建築

瑞巖寺 ずいがんじ

從松島海岸站步行約5分

瑞巖寺為伊達政宗於1609（慶長14）年所重建。以11月舉行的芭蕉祭，以及除夕所進行的火防鎮護祈禱—火鈴巡行儀式等聞名。

 住宿情報　松島附近聚集了可眺望島嶼景色的飯店、旅館及附溫泉的住宿設施。

松島　113

35

歷經500萬年歲月
在島上打造出奇蹟般的絕壁

おき・にしのしま

隱岐·西之島

從赤尾展望台眺望國賀海岸，
可從沿海處看見突出於日本海
的通天橋

1 位於西之島南側的鬼舞展望台。沿岸粗獷原始的景觀與此處的田園風情形成了強烈對比。可以近距離看到馬及牛
2 通天橋。可在此看到火山噴發所產生的地層
3 由於外形有如百濟觀音，故命名為觀音岩。後方的夕陽看起來就像燭火般

獲得世界地質公園認定
維持原始風貌的壯闊自然景觀

位於島根半島北方40～80km遠的隱岐群島是由180餘座大小島嶼所構成，島前3島（西之島、中之島、知夫里島）與島後4島有人居住。

島前3島是因約630萬～530萬年前的火山活動而誕生，整座島皆為火山臼地形的離島，在全世界是非常罕見的例子。在一座座地形奇特的島嶼中，西之島更是以壯麗景色著稱。島西側綿延約13km的國賀海岸有突出海面的通天橋，以及日本國內最大的海蝕崖、落差達257m的摩天崖、神秘的海上洞窟明暗岩屋等絕景接連不斷地出現，不妨搭乘觀光船前來造訪，親身感受斷崖的震撼力。

🄘 如何取得最新資訊

西之島町觀光協會　📞08514-7-8888
🄳 島根縣隱岐郡西ノ島町美田4386-3

🍀 也可以考慮在美食季節造訪　　季節／時間

1	2	3	4	5	6	7	8	9	10	11	12

隱岐為海洋型氣候，冬夏溫差較小。著名美食岩牡蠣的產季為3～6月。觀光船及巴士僅在4～10月營業，請多注意。4月中旬～10月上旬可看到夕陽與觀音岩頂端重疊的「蠟燭岩」景觀，不過夏至的前後2週看不到。

賞花時節　隱岐野櫻 5～6月　隱岐野菊 10～11月

👣 可多加利用團體行程及巴士　　貼心叮嚀

搭乘定期觀光巴士及定期船周遊西之島是最推薦的方式。也可以租汽車、自行車或包計程車，抵達島後就先前往西之島町觀光協會吧。另外，行駛於島前3島間的島前內航船是由「いそかぜⅡ」及「フェリーどうぜん」兩艘船運行。

絕景達人教你玩

摩天崖、鬼舞展望台、赤尾展望台一帶為放牧地，有牛馬放牧在此，若隨意靠近的話會有危險。近來在西之島町觀光交流中心內於週六、週日限定販售的在地漢堡「隱岐西之島魚排堡」很受歡迎。請務必吃吃看！

龜澤先生（西之島町觀光協會）

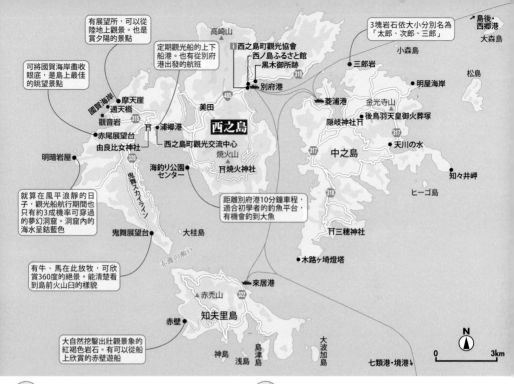

有展望所，可以從陸地上觀景。也是賞夕陽的景點

定期觀光船的上下船港。也有從別府港出發的航班

3塊岩石依大小分別名為「太郎、次郎、三郎」

島後・西鄉港

大森島

高崎山

■西之島町觀光協會
西ノ島ふるさと館
黑木御所跡

小森島

松島

可將國賀海岸盡收眼底，是島上最佳的眺望景點

國賀海岸 摩天崖
通天橋
觀音岩
赤尾展望台
由良比女神社

浦鄉港

美田

西之島

別府港

三郎岩

菱浦港

明屋海岸

金光寺山

隱岐神社卍

後鳥羽天皇御火葬塚

西之島町觀光交流中心
焚火山

天川の水

中之島

明暗岩屋

鬼舞スカイライン

海釣り公園
センター

卍焚火神社

就算在風平浪靜的日子，觀光船航行期間也只有約3成機率可穿過的夢幻洞窟。洞窟內的海水呈鈷藍色

距離別府港10分鐘車程，適合初學者的釣魚平台，有機會釣到大魚

知々井岬

ヒーゴ島

鬼舞展望台

大桂島

卍三穗神社

木路ヶ埼燈塔

有牛、馬在此放牧，可欣賞360度的絕景。能清楚看到島前火山臼的樣貌

赤ノ瀬戸

來居港

赤禿山

知夫里島

赤壁

大波加島

大津島
島津島
浅島

神島

七類港・境港↓

大自然挖鑿出壯觀景象的紅褐色岩石。有可以從船上欣賞的赤壁遊船

N

0   3km

 🚗 **事先查好渡輪時刻** 交通

0   20km

島後
西之島
西鄉港

島前
菱浦港
別府港

日本海

來居港

搭高速船約2小時／渡輪約2小時30分

隱岐海峽

島根縣
七類港
境港
鳥取縣
松江站 米子站

從七類港或境港搭乘高速船至別府港約2小時，搭乘渡輪約2小時30分

前往七類港、境港可從松江站或米子站搭乘高速船（レインボージェット）或配合渡輪開船時間的接駁巴士。搭乘渡輪「くにが」或「しらしま」時，「おき」會先停靠島後才到島前。另外，若要前往島後，從別府港搭高速船至西鄉港約45分，搭乘渡輪約1小時10分。

這樣玩更有意思♪

✳ **定期觀光船**

可以從海上欣賞國賀海岸的眾多絕景。有從浦鄉港、別府港出發的2種路線，所需時間約1小時30分～。在風平浪靜的日子可以穿過長約250m的洞窟明暗岩屋。

隱岐觀光株式會社 ☎08514-6-0016
⏰ 8:00～17:00 休 11～3月、天候不佳時 💰 2300～3300日圓

✏️ **從船上看日本海也十分壯觀** 行程範例

第1天	上午	從松江站前往渡輪搭乘處。航程中飽覽日本海景色
		到達松江站後搭乘渡輪接駁巴士前往七類港約40分。
	下午	到了西之島後搭乘定期觀光船走訪國賀海岸絕景
		抵達西之島後於別府港搭乘定期觀光船，在船夫導覽下從海上欣賞國賀海岸震懾人心的景色。晚上在下榻處品嘗美味海鮮。
第2天	上午	在陸地上觀賞絕景後，乘坐島前內航船離開西之島
		前往摩天崖、赤尾展望台、鬼舞展望台等處，改從陸地的視角觀看絕景。之後搭島內船往中之島移動。
	下午	逛完位在島前的中之島後，往島後踏上歸途
		走訪中之島的景點後搭乘渡輪打道回府。

精選推薦景點 ‖‖‖‖‖‖‖‖‖‖‖‖‖‖‖‖‖‖‖‖‖‖‖‖‖ 👟

翡翠般的碧綠海水與高聳的紅褐色山崖

中之島 なかのしま

從西之島搭乘內航船約7分

推薦明屋海岸及半潛水式展望船「あまんぼう」。

隱岐群島最南端的慢活之島

知夫里島 ちぶりじま

從西之島搭乘內航船約15分

不要錯過國家名勝、天然紀念物的赤壁以及視野良好的赤禿山。

 住宿情報　住宿設施集中在西之島町的兩座港附近與美田地區。當日臨時投宿有可能會遭拒，提前預約較為保險。

36

漂浮於蔚藍海洋上的
208片島嶼拼圖

くじゅうくしま　　　　　　　　　長崎

九十九島

包圍著無數島嶼的海洋
是珍貴的動植物寶庫

　　佐世保灣外至平戶瀨戶間的海面上有208座大小島嶼。這是由一座原本地形高低起伏的大島因海面上升沉入水中後所形成的多島海，島嶼密度據說是日本最高。這裡的海面及海灣在密布的島嶼守護下風平浪靜，孕育出包括眾多稀有生物在內的豐富生態系。這裡是是絕佳的漁場、牡蠣及珍珠養殖地，支撐著人們的生活。

> ⓘ **如何取得最新資訊**
>
> 佐世保觀光情報中心　📞 0956-22-6630
> 九十九島珍珠海洋遊覽區　📞 0956-28-4187

 夕陽時分及夏季景色值得一看 季節／時間

1	2	3	4	5	6	7	8	9	10	11	12

落日及島嶼的影子倒映在平靜無波的海面上所呈現的夕陽景色十分著名。從九十九島珍珠海洋遊覽區出航的珍珠皇后號遊覽船觀賞日落（主要於黃金週及8〜10月的週末航行）更是浪漫。九十九島在夏天時海水最為鮮豔湛藍，也可以在此從事海上划艇等水上運動。

 遊船的航行狀況要多加確認 貼心叮嚀

九十九島周邊眾多展望台之中，以展海峰的景色最具人氣。從九十九島珍珠海洋遊覽區出發的遊船除了大型遊覽船外，還有小型遊覽船、帆船航行等，種類豐富。航行狀況會因時期而異，也可能會有人潮過多的狀況，建議事先於九十九島珍珠海洋遊覽區的網站確認。

所在地

島嶼之間的海面上漂浮著一艘艘已品牌化的「九十九島牡蠣」及珍珠養殖筏

開車移動暢遊各景點

交通

■ 從佐世保中央IC開車至展海峰約20分

◀ 平戶瀨戶　佐々IC　松浦鐵道　西九州線　長崎縣　０　５km

204　相浦・中里IC

九十九島

弓張岳展望台　佐世保中央IC

石岳展望台　佐世保站

九十九島珍珠海洋遊覽區

船越展望台　西九州自動車道

展海峰　佐世保港

149　早岐站

佐世保灣　大村線

開車約20分

豪斯登堡站

豪斯登堡　長崎機場 ▶

想走訪不同展望點的話開車是最方便的。若是搭巴士，從佐世保站至展海峰入口約40分。佐世保站前有前往九十九島珍珠海洋遊覽區的路線巴士。

從陸地與海上欣賞美景

行程範例

上午　從人氣展望點眺望海上諸島
首先前往展海峰，欣賞蔚藍海洋上的一座座島嶼。

下午　參觀水族館、捕捉美麗夕陽景色
前往九十九島珍珠海洋遊覽區，於水族館「海閃閃」觀賞九十九島的海中生物及海豚表演。接近傍晚時，搭上日落觀光遊船，從海上飽覽夕陽美景。當晚住宿於珍珠海洋遊覽區附近的飯店。

第1天

上午　走訪軍港城市佐世保
前往佐世保市區，感受這座港都散發的異國風情，也別忘了品嘗佐世保漢堡等海軍美食。順便造訪位於附近的豪斯登堡也不錯。

第2天

住宿情報　九十九島珍珠海洋遊覽區周邊有兩家飯店，佐世保站附近也有許多住宿設施。

37

全世界緯度最低的流冰之海
來自西伯利亞的潔白冬季使者

オホーツクかいのりゅうひょう

北海道

鄂霍次克海的流冰

地處北緯44度的網走在1月下旬
會有每年最初的流冰造訪。鄂霍
次克海是全世界會凍結出海冰的
海洋中緯度最低、最南者

1　網走的流冰觀光破冰船極光號在漂浮著流冰的海面上前進
2　紋別的流冰破冰船ガリンコ號II。可以近距離觀看螺旋槳碎冰的情景，非常壯觀
3　除了流冰漫步外，還有海中潛水、遊覽飛行等各式各樣的活動可參加

潔白的流冰有如一座海上平原
搭乘破冰船在冰河之海中奮力前進

　　來自西伯利亞的強烈冷空氣會在12月上旬冰凍鄂霍次克海，當水溫下降至−1.8℃以下，海中便會出現薄片狀的冰（冰晶）。冰晶會逐漸成長為流冰，隨著季風及海流來到北海道的鄂霍次克海沿岸，這中間的過程大約要1個半月的時間。流冰的造訪也讓沿岸一帶變成了白茫茫的冰雪世界。何時、何地能看見不斷移動的流冰，全視海浪與風的狀況而定。搭乘網走或紋別出航的觀光破冰船相當有機會能看到流冰。坐在將前方流冰排除、於海中賣力航行的破冰船上，讓人有種彷彿身處南極，在世界盡頭旅行的感覺。漫步於流冰上的行程也很受歡迎。

ℹ️ 如何取得最新資訊

網走市觀光協會　☎0152-44-5849
みなと觀光交流中心　公路休息站 流冰街道網走
☎0152-67-5007　📍北海道網走市南3条東4丁目
紋別觀光協會　☎0158-24-3900
📍北海道紋別市幸町5-24-1(紋別巴士總站1F)

🍀 事前確認流冰時節　　　　季節／時間

| 1 | 2 | 3 | 4 | 5 | 6 | 7 | 8 | 9 | 10 | 11 | 12 |

1月下旬至4月上旬雖然都看得到，但機率要視該年的氣候狀況而定，一般而言2月中旬至3月上旬為流冰高峰，建議先透過網路或管道確認天候及流冰情報。也可以視流冰的狀況再決定要前往網走或是紋別觀賞。

🚫 要對酷寒做好心理準備　　　貼心叮嚀

到了12月，即使白天氣溫也都在零下，因此要準備好羽絨大衣等厚外套、手套及可以蓋住耳朵的帽子、有防滑橡膠底的鞋子如雪靴等各種防寒用品。搭乘觀光破冰船時尤其要做好萬全的禦寒工作。

絕景達人教你玩

流冰破冰船在每年1月下旬~3月底行駛。搭船時要記得確實做好禦寒準備，才能在甲板上好好欣賞流冰喔！運氣好的話，還能看到海豹及虎頭海鵰等動物。希望大家都能有一趟愉快的破冰船之旅！下船之後就去享用新鮮海產吧。

紋太(紋別觀光協會吉祥物)

鄂霍次克海的流冰

0 500m

みなと觀光交流中心
流冰觀光破冰船極光號搭船處
公路休息站 流冰街道網走
流冰硝子館
網走港
帽子岩

網走市區

佐呂間湖的絕景景點,夕陽十分美麗。附近有海蓬子群生地,秋天時會整片鮮紅

北海道最大的湖,景色優美。是有海水流入的汽水湖,特產為牡蠣及帆立貝

上湧別鬱金香公園

佐呂間湖

公路休息站 サロマ湖

ワッカ原生花園
キムアネップ岬

可眺望鄂霍次克海及知床連山。是最適合觀賞流冰的景點

能取岬

原先行駛於網走站~知床斜里站的流冰慢車號已於2016年2月停駛。北濱站可將流冰覆蓋的大海盡收眼底

0 800m

紋別市區

紋別港

冰海展望塔
鄂霍次克塔

海洋交流館
(ガリンコ號登船處)

北海道立鄂霍次克流冰科學中心「GIZA」

公路休息站
オホーツク紋別

石北本線

可以看到可愛的流冰天使。可以從積雪的斜坡滑降下來的輪胎滑雪也很受歡迎(冬季限定)

介紹網走監獄及開拓歷史的戶外博物館。位在網走看守所南方約2km

附近為水芭蕉的群生地。東岸有網走湖溫泉的溫泉街。12月下旬~3月下旬還可以來釣西太公魚

位於狹長沙丘上的花園。6~8月時會有黑百合、玫瑰等約40種花卉綻放

能取湖

網走站

網走湖

鄂霍次克流冰館
博物館
網走監獄
北濱站

知床斜里站

釧網本線

小清水原生花園

宇登呂
知床自然主義者協會

仁頃山

N

0 10km

北見站 美幌站

女滿別機場

 從最靠近的機場搭乘直達巴士 交通

■ 從女滿別機場搭乘網走巴士至流冰破冰船搭船處約40分
■ 從鄂霍次克紋別機場搭乘機場聯絡巴士至海洋交流館約10分

0 25km

海洋交流館
鄂霍次克紋別機場
搭機場聯絡巴士約10分
鄂霍次克海
佐呂間湖
網走站
流冰破冰船搭船處
宇登呂
北海道
搭網走巴士約40分
女滿別機場
知床斜里站
石北本線
釧網本線

在流冰觀光期間內,從女滿別機場到網走,以及從鄂霍次克紋別機場到紋別這兩地各自的流冰破冰船搭船處,都有配合班機起降時間的直達巴士。

這樣玩更有意思♪

流冰觀光破冰船極光號(網走)
全世界第一艘設計成觀光用的大型破冰船,藉由船本身的重量破冰,在流冰中前進。從公路休息站流冰街道網走1天有4~5班出航。搭乘時間約1小時,票價3300日圓。

流冰破冰船ガリンコ號II(紋別)
利用裝在船前端的螺旋槳破冰前進。除了海洋交流館1天有5班出航外,2月還有日出及日落的遊船行程。完全預約制,票價3000日圓。

 搭乘觀光破冰船航向流冰 行程範例

第1天
下午 到達網走,造訪觀光景點
從女滿別機場前往網走市內,在鄂霍次克流冰館學習流冰相關知識。有時間的話還可以去博物館網走監獄逛逛,或是挑戰在網走湖釣西太公魚。

第2天
上午 搭破冰船來趟冰上旅行
終於到了重頭戲─搭乘破冰船。從船上欣賞了流冰覆蓋著大海的壯觀景色後,回到公路休息站購物。

下午 瀏覽海湖風景為旅途留下回憶
悠閒地欣賞岸邊的流冰後,告別網走。

精選推薦景點

深入了解流冰的神奇奧秘之處
北海道立鄂霍次克流冰科學中心「GIZA」
ほっかいどうりつオホーツクりゅうひょうかがくセンター ギザ

從海洋交流館步行約10分

「GIZA」位於紋別市,在這裡可以快樂學習流冰相關知識。一整年都能看到海中精靈─流冰天使及真正的流冰。

想要更近距離接觸流冰的人不可錯過
流冰漫步 りゅうひょうウォーク　　(知床自然主義者協會)

從網走搭乘釧網本線至知床斜里站約50分,知床斜里站搭乘斜里巴士至ウトロ溫泉バスターミナル約50分

宇登呂十分盛行的活動,會穿上專用的乾式防寒衣,行走於與陸地接觸的流冰上,或漂浮於海上。活動所著的乾式防寒衣浮力及防水性俱佳,第一次也可放心體驗。

住宿情報 網走的車站周邊、網走湖周邊的湖畔溫泉以及紋別港周邊有各種大小的住宿設施。

38

現身銀白世界的怪物其實是
雪與冰打造出的大自然藝術傑作

はっこうださんのじゅひょう

青森

八甲田山的樹冰

搭乘空中纜車漫步空中的同時
觀賞樹冰群的夢幻景色

　　八甲田山是日本少數可以看到樹冰的景點之一。搭乘空中纜車就能輕鬆前往山頂站飽覽樹冰風景是這裡的一大特色。樹冰也被稱為雪怪，是冰及雪附著在冷杉上，結凍、變大所形成。數種條件在偶然之下一起發生所孕育出的美麗造型，看起來栩栩如生，讓人見識到大自然的神奇。

 如何取得最新資訊

八甲田纜車(股)
☎ 017-738-0343　🏠 青森県青森市荒川寒水沢1-12

🍀 寒冬時節正是觀賞良機 　　　季節／時間

1	2	3	4	5	6	7	8	9	10	11	12

可以在八甲田山看到樹冰的時間主要是1～2月前後。晴朗的白天時樹冰與蔚藍天空的對比十分美麗，夕陽將天空染成了粉紅色、橘色的樹冰原也非常夢幻，景色如詩如畫。

🎿 禦寒的雪地衣物一定要帶齊 　　貼心叮嚀

看樹冰要搭乘空中纜車前往八甲田山的田茂范岳，一出山頂公園站就能看到樹冰。山頂在冬天時常有大風雪，因此一定要準備好外套、圍巾、帽子、手套、在雪地不易打滑的鞋子等，做好萬全的禦寒措施。

八甲田纜車
🕘 9：00～16：20 (11月中旬～2月為～15：40)每15～20分一班
🚫 無休　💴 來回1850日圓(小學生870日圓)

佔據了整片山坡的白色雪怪，全世界很少有地方能看到長成這樣的樹冰

所在地

 雖然班次不多，但還是建議搭巴士 交通

■ 從青森站搭乘JR巴士みずうみ號至八甲田ロープウェイ駅前約1小時15分

青森縣
新青森站 青森站
4
東北新幹線
八戶站
7
101 青森機場
奧羽本線
103 搭JR巴士みずうみ
號約1小時15分
八甲田纜車
八甲田ロープウェー駅前 八甲田山的樹冰
山麓站
弘前站 酸湯溫泉 八甲田山
東北自動車道 山頂公園站
103
182 奧入瀨川
十和田湖

0 10km

雖然也可以租車自駕，但不習慣在雪地開車的話，還是建議搭乘巴士。從青森站或新青森站搭乘往十和田湖的JR巴士，於八甲田ロープウェイ駅前下車。

好好享受樹冰美景與溫泉 行程範例

第1天

上午 **先搭巴士前往八甲田山下**
從青森站搭乘JR巴士移動至八甲田纜車的車站。

下午 **穿上雪鞋於樹冰群間健行**
搭乘空中纜車至山頂公園站約10分。
到了山頂後，參加在導遊帶領下漫步樹冰原的雪鞋健行（需預約），可一面穿梭於樹冰間，一面近距離觀察。
晚上住宿於酸湯溫泉。

第2天

上午 **從酸湯溫泉返回青森市內**
搭乘巴士至青森站約1小時20分。

下午 **踏上歸途前先享用冬季的青森美食**
品嚐裝有滿滿當令海鮮的古川市場的のっけ蓋飯，以及在地美食味噌咖哩牛奶拉麵。伴手禮就買當地最有名的蘋果相關製品吧。

住宿情報 酸湯溫泉設有住宿設施。溫泉最著名的就是混浴的大浴池「千人風呂」。

八甲田山的樹冰 **125**

所在地

39

冬夜中閃爍的夢幻燈火
讓人感受到雪國居民的溫暖

よこてのかまくら　　　　　　　　　　秋田

橫手的雪屋

出現在寒冬秋田的浪漫光景
源自於向水神的祈福及孩童嬉戲

　　在小正月的夜晚，橫手各地的雪屋內都會點起燭火，打造出夢幻場景。這項有400多年歷史的活動結合了向水神祈求豐收、降雨的儀式，以及孩童們在雪地裡的遊戲。小朋友們會在雪屋裡喊「請進～」，並以甜酒及麻糬招待遊客，這種純樸的交流也是一大魅力。無數座雪屋的燈火在黑夜中閃爍的景象也非常壯觀。

ⓘ 如何取得最新資訊

橫手市觀光協會 ☎0182-33-7111 🏠 秋田県横手市中央町8-12 (交流中心雪屋館)

於冬季2月的夜間舉行　　　　季節／時間

1	2	3	4	5	6	7	8	9	10	11	12

梵天與雪屋是每年2月的橫手雪祭的2大盛事，雪屋在15、16日，梵天在17日舉行。雖然晚上是觀賞雪屋的最佳時間，不過白天也會舉辦各式各樣的活動。

可多加利用巡迴巴士　　　　貼心叮嚀

2月夜晚的溫度會低至0°C以下，因此要確實做好禦寒準備。當地的小朋友會在雪屋內招待甜酒，能暖和冰冷的身子。另外，橫手市內有好幾處雪屋會場，不妨事先向觀光協會確認會場所在地。活動期間內傍晚開始會有免費巡迴巴士行駛於各會場間。

	2
1	3 4

1 1971（昭和46）年開始，為了在狹小的空間多建些雪屋，因此出現了這種迷你尺寸的雪屋
2 雪屋與木戶五郎兵衛村的老房子相映成趣，充滿了韻味
3 排列在蛇の崎川原會場的無數迷你雪屋，夢幻的光景令人著迷
4 路旁的雪屋溫柔地照亮了路面

 搭乘在地電車慢慢晃向目的地 　交通

■ 從大曲站搭乘JR奧羽本線至橫手站約20分
■ 從北上站搭乘JR北上線至橫手站約1小時20分

若是搭乘飛機，從岩手花卷機場開車約1小時。從秋田機場開車1小時，搭乘Airport Liner約1小時30分。

 體驗橫手冬季的2大盛事 　行程範例

第1天	上午	**大啖在地平民美食** 從北上站搭乘北上線至橫手站。午餐就吃著名的橫手炒麵，然後逛逛橫手市內。	
	下午	**搭乘巡迴巴士走訪充滿特色的雪屋** 傍晚搭乘巡迴巴士前往各個雪屋會場參觀。途中順便去可以吃到橫手名產的物產展特設會場走一走。當晚住宿於橫手市內的飯店。	
第2天	上午	**炒熱氣氛的梵天讓人忘卻寒冷** 參觀稱為梵天的巨大幡杆獻給旭岡山神社，為橫手的傳統儀式。進行奉納儀式時，各方人馬為了搶在前頭會走激烈碰撞。	
	下午	**購買秋田伴手禮，打道回府** 購買醃漬煙燻白蘿蔔及在地名酒等秋田特產。	

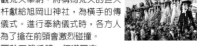

住宿情報 橫手市內的飯店、旅館多半集中在橫手站前，不過數量不多。

40

在寂靜的酷寒時節悄悄現身
在湖上稍縱即逝的冰之花

あかんこのフロストフラワー　　　　　北海道

阿寒湖的霜花

寒冬早晨於阿寒湖綻放的冬之花。
雄阿寒岳在一旁靜靜守護著這難得
一見的冰之藝術世界

阿寒湖的霜花　129

1 覆蓋著皚皚白雪的雄阿寒岳。阿寒壯闊的冬季山岳風景也極具魅力
2 從近距離觀看，霜花的模樣就像是要飛起來的鳥兒般。阿寒湖湖底有溫泉湧出的地方附近霜花出現的時間會相對長一些
3 積雪深的時候要穿著雪鞋在湖上行走

把握僅有的機會
探訪在朝霞下閃耀的冰上世界

霜花（Frost flower）是冰上的水蒸氣冷卻、結晶化並成長為花朵狀的現象，其純潔惹人憐愛的模樣博得了冬之花的稱呼。湊近看會發現，輕盈的結晶就像羽毛般細膩別緻。冬之花僅會在阿寒湖及屈斜路湖等一部分道東地區綻放，而且由於這是在滿足一定氣象條件時才會產生的現象，是無法輕易看到的絕景。阿寒湖有賞冬之花的清晨旅行團。鑽石塵在空中閃閃發亮，樹冰包覆著群樹的世界夢幻極了。來到這裡就玩玩越野車等冰上活動、泡泡阿寒湖溫泉，一邊等待冬之花綻放的時刻到來吧。

ℹ 如何取得最新資訊

阿寒觀光協會城市建設推進機構 觀光服務中心
☎0154-67-3200 📍北海道釧路市阿寒町阿寒湖溫泉2-6-20(阿寒湖まりむ館)
阿寒自然中心 ☎0154-67-2801(11～12月歇業)
📍北海道釧路市阿寒町阿寒湖溫泉5-3-3

🍀 必須滿足各種氣象條件　　季節／時間

1	2	3	4	5	6	7	8	9	10	11	12

剛結冰不久的12月中旬至1月上旬是觀賞的最佳時機。若滿足了「氣溫降至－15℃以下、無風的晴朗早晨」等氣候條件，看到的機率會比較高，但即使是在最佳的觀賞時節，也僅有約30%的機率可以看見。湖底有溫泉湧出的地方等冰層較深處附近，1月中旬～3月中旬也有機會看到。

🥾 於冰上行走時要注意薄冰　　貼心叮嚀

當地在1～2月會冷到一整天氣溫都在冰點之下。由於數位相機及手機的電池耗電會變快，最好藉由體溫或暖暖包等保溫。即使在結冰期，阿寒湖許多地方還是會有溫泉從湖底湧出，冰層較薄，就安全面來說，還是建議參加旅行團。

絕景達人教你玩

阿寒光是凍結的湖面及冰雪覆蓋的森林就已經充滿魅力，因火山活動形成的地熱帶及湧泉地一同打造出的風景更是充滿特色。雖然可以在凍結的湖面上行走，不過許多地方的冰層較薄，請不要隨意四處亂逛。

安井先生(阿寒自然中心)

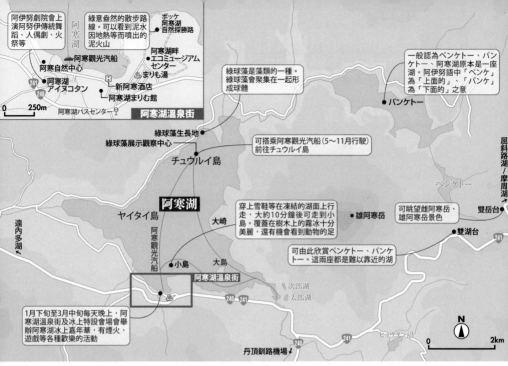

阿伊努劇院會上演阿伊努傳統舞蹈、人偶劇、火祭等

綠意盎然的散步路線。可以看到泥水因地熱等而噴出的泥火山

ボッケ
阿寒湖自然探勝路

阿寒自然中心

阿寒湖觀光汽船

阿寒湖エコミュージアムセンター

まりも湯

阿寒湖アイヌコタン

新阿寒酒店

阿寒湖まりむ館

阿寒湖バスセンター

阿寒湖溫泉街

0 250m

綠球藻是藻類的一種。綠球藻會聚集在一起形成球體

一般認為ペンケトー、パンケトー、阿寒湖原本是一座湖。阿伊努語中「ペンケ」為「上面的」、「パンケ」為「下面的」之意

パンケトー

綠球藻生長地

綠球藻展示觀察中心

チュウルイ島

可搭乘阿寒觀光汽船（5〜11月行駛）前往チュウルイ島

ベンケトー

屈斜路湖／摩周湖

阿寒湖

ヤイタイ島

大崎

阿寒觀光汽船

小島

大島

阿寒湖溫泉街

穿上雪鞋等在凍結的湖面上行走，大約10分鐘後可走到小島。覆蓋在樹木上的霧凇十分美麗，還有機會看到動物的足

雄阿寒岳

可眺望雌阿寒岳、雄阿寒岳景色

雙岳台

雙湖台

可由此欣賞ベンケトー、パンケトー。這兩座都是難以靠近的湖

次郎湖
太郎湖

1月下旬至3月中旬每天晚上，阿寒湖溫泉街及冰上特設會場會舉辦阿寒湖冰上嘉年華，有煙火、遊戲等各種歡樂的活動

遠內多湖

ヒョウタン沼

丹頂釧路機場

N

0 2km

結冰的路面要小心駕駛 [交通]

0 20km

阿寒湖

阿寒湖溫泉
雌阿寒岳
オンネトー

北海道

開車約1小時

搭阿寒巴士約1小時20分

丹頂釧路機場

釧路濕原

帶廣站

釧路站

從丹頂釧路機場開車至阿寒湖溫泉約1小時，或搭阿寒巴士約1小時20分

阿寒湖周邊標高較高，有許多斜坡及彎道，冬天會因路面結冰或下雪時視線不良而變得非常危險。若不習慣在雪地駕駛，不建議租車自駕。某些飯店有提供釧路或帶廣的接送服務。

這樣玩更有意思♪

✱ 冰上娛樂活動

阿寒湖在1〜3月會全面結冰，可以在冰上進行香蕉船、雪上摩托車、四輪越野車、步行滑雪等各種娛樂及運動。釣西太公魚也很有人氣。

⬤ 綠球藻商品

群生於阿寒湖底的美麗綠球藻是國家指定的特別天然紀念物。在溫泉街可以買到各式各樣綠球藻造型的商品。

擁抱充滿魅力的冰雪世界 [行程範例]

第1天	下午	**認識阿伊努文化** 從機場開車或搭巴士前往阿寒湖溫泉，可以順道造訪雙岳台。在阿寒湖アイヌコタン可以接觸阿伊努文化。
第2天	上午	**出發尋找霜花** 參加早晨的阿寒湖散步旅行團，欣賞霜花及霧凇等冬季美景，於湖周邊的森林散步。回到阿寒湖溫泉街後，泡泡足湯及手湯暖和身體吧。
	下午	**挑戰刺激有趣的冰上活動** 體驗香蕉船及雪上摩托車等冰上活動、購買伴手禮，然後告別阿寒湖。

精選推薦景點

親近阿伊努的美食、傳統工藝、舞蹈

阿寒湖アイヌコタン あかんこアイヌコタン

從阿寒湖バスセンター步行約10分

約120名阿伊努族人居住的聚落，有30家左右的民藝品店、餐廳等，還可欣賞傳統舞蹈表演。

瞬息萬變的神秘沼澤

遠多內湖 オンネトー

從阿寒湖溫泉開車約30分

位於雌阿寒岳山腳的沼澤，由於水色會隨時間及季節變化，因此又被稱為五色沼。周邊道路在冬季禁止通行，不過有穿著雪鞋前來探訪的旅行團。

41 在霧降高原的蒼鬱森林中
綻放耀眼光芒的瀑布

マックラだき   栃木

マックラ瀑布

瀑布奔流而下之處的岩石
有著黑色柱狀節理，襯托
了流水的色彩

マックラ瀑布 133

1 紅葉圍繞的マックラ瀑布
2 霧降瀑布。瀑布分為上下2層，下層瀑布流水打到岩石時會呈現霧狀，因此有了霧降瀑布之名
3 玉簾瀑布在水量少的時候，流動的模樣就像簾子一般

健行初學者也能放心挑戰
還可以在水潭摸到來自瀑布的水

　　マックラ瀑布位在日光三名瀑之一的霧降瀑布上游，與玉簾瀑布、丁字瀑布並列「霧降三大秘境瀑布」。有一說是由於瀑布面向北邊，光線不易照到，於是當地獵人便命名為マックラ瀑布（マックラ為漆黑無光之意）。マックラ瀑布寬10m，落差約30m，並不是一座大瀑布，不過水量豐沛，與周圍的綠意交織出諧調的美麗景觀。在靜謐的森林中迴盪的流水聲也營造出一股神祕感。面向瀑布的右側還有一棵圍周約6m的楓楊樹巨木。瀑布周邊修築了可以走訪這附近瀑布的步道，適合來一趟健行之旅。

ℹ 如何取得最新資訊

日光市觀光協會 ☎0288-22-1525
🏠 栃木縣日光市並木町3-4 日光市公所內
日光霧降高原チロリン村 ☎0288-54-3355 🏠栃木縣日光市霧降1535-4 🕘9:00~16:00 休週二（夏季無休）

✿ 每個季節的風景各有特色　　季節／時間

1	2	3	4	5	6	7	8	9	10	11	12

空氣清新的新綠及紅葉時節是最值得推薦的。冬天時不但附近的設施會歇業，路線巴士也會停駛，還有路面結冰等狀況，不建議強行前往。

賞花時節 **杜鵑** 5月中旬~下旬　**北萱草** 6月中旬~7月中旬（霧降高原キスゲ平園地）

👣 晴天也要記得攜帶雨具！　　貼心叮嚀

「霧降三大秘境瀑布」周邊的步道並不難走，沿著管理用的柏油路也可以走到，不過在瀑布附近等地方還是要留意腳步。若是開車前來，可以將車子停在新霧降露營場或日光霧降高原チロリン村後，展開瀑布探訪之旅。

絕景達人教你玩

霧降高原正如其名，是個多霧（小雨）的地方，務必要攜帶雨具。另外在颱風季節等，步道的獨木橋在大雨過後可能會沖走，請事先蒐集相關情報。日光霧降高原チロリン村可以吃到用日光天然冰做的刨冰！

坂內先生（Nature Planet）

 ## 搭巴士來也很方便

交通

■ 從東武日光站或JR日光站搭乘東武巴士至隱れ三滝入口約15分

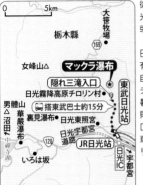

從東武日光站／JR日光站搭乘前往霧降高原或大笹牧場的東武巴士（行駛期間為4月1日～11月30日），1天有11班車往返。若是自行開車，車輛停放在チロリン村較為方便，暑假無法使用的期間則可以停在霧降的滝入口巴士站附近的免費停車場。從日光IC至チロリン村車程約10分。

散步時注意日落時間

行程範例

第1天

上午｜**東武日光站／JR日光站為大門口**
坐電車來到日光，然後搭乘巴士到隱れ三滝入口。也可以選擇搭計程車。建議盡量早點出發，讓散步的時間充裕些。

下午｜**展開為時約4小時的瀑布巡禮**
依丁字瀑布、マックラ瀑布、玉簾瀑布的順序造訪，之後再沿著霧降川前往霧降瀑布。步道雖然不難走，不過途中有獨木橋等，要小心打滑。從霧降的滝入口巴士站返回日光市區，在下榻處好好休息。

第2天

上午｜**走訪世界遺產—日光山內地區**
參觀日光東照宮、日光山輪王寺、二荒山神社。有時間的話還可以去二荒山神社的別宮瀧尾神社走走。

下午｜**享受吃美食、買伴手禮的樂趣**
午餐則享用湯波（腐皮）料理。在國道沿線的伴手禮店挑選伴手禮，一面逛回車站，踏上歸途。

這樣玩更有意思♪

日光湯波料理

日光代表性的在地美食。湯波為大豆加工品，原本是用於素料理或祭典儀式。與京都的湯葉相比，日光的湯波更為柔軟而有分量。

羊羹

據說由於味道曾獲得輪王寺法親王的肯定，因此造訪日光的公卿、武士等紛紛將這裡的煉羊羹帶回各地，使得日光的羊羹聲名遠播。羊羹及湯波都可說是少了日光的名水就做不出來的極致珍品。

精選推薦景點

登錄於世界文化遺產的歷史名勝

日光東照宮 にっこうとうしょうぐう

從東武日光站／JR日光站步行20分

遵照江戶幕府初代將軍德川家康的遺言所打造的社殿，將家康神格化為東照大權現供奉於此。今日所看到的富麗堂皇的風格，是到了第3代將軍家光之後才打造出來的。建築物上細膩的雕刻裝飾十分有看頭。

與霧降瀑布、裏見瀑布並列為日光三名瀑

華嚴瀑布 けごんのたき

從東武日光站／JR日光站搭乘東武巴士至中禪寺溫泉巴士站約40分，中禪寺溫泉巴士站步行行約5分

華嚴瀑布位在從中禪寺湖流出的大谷川，以落差達97m，寬4m為傲。搭乘收費電梯到下方約100m處的觀瀑台，可看到瀑布在眼前直衝而下的光景。

曾是外國人是喜愛的避暑度假勝地

中禪寺湖 ちゅうぜんじこ

從東武日光站／JR日光站搭乘東武巴士約45分

因聳立於後方的男體山噴發而形成的湖。湖中棲息著紅鮭等淡水魚，明治時代還有歐美各國的外交官在湖畔興建別墅。附近有華嚴瀑布、戰場之原等許多值得一看之處。

42

如布幔般傾瀉而下的水流
從背面欣賞也一樣美麗

なべがたき　　　　　　　熊本

鍋之瀑布

所在地

讓人聯想到簾幕的水流、
枝葉間的陽光、潺潺水聲…全都美極了

以溫泉著稱的小國周邊有許多大小瀑布，其中在近年來因為廣告等而受到討論的便是鍋之瀑布。瀑布寬20m、落差10m，規模稱不上壯觀，但與周圍美麗綠意的相互加乘，打造出如夢似幻的景緻。瀑布後方有空間能讓人從背面觀賞，因此讓這裡也有「裏見瀑布」之稱。

ℹ️ 如何取最新資訊

鍋之瀑布公園　📞0967-46-2113（小國町公所情報課觀光科）
🕐9:00～17:00（入園為～16:30）　休 無休　💴 200日圓

 4月上旬日夜間都可觀賞　　　季節／時間

1	2	3	4	5	6	7	8	9	10	11	12

瀑布全年都可觀賞，不過枝頭長出美麗新綠的春天至夏天是最佳的時機。夏天靠近瀑布感受飛濺的水花也很舒服。4月上旬會有夜間點燈。

 地面潮濕小心打滑　　　貼心叮嚀

從停車場走到瀑布約5分鐘。到瀑布為止的道路雖然幾乎都是柏油路，但瀑布周邊及後方容易打滑，建議穿著好走的鞋子。水量多的時候水花也會噴得比較厲害，請小心相機等不要弄濕了。

おぐたん（小國町觀光振興會議的吉祥物）

瀑布的流水營造出夢幻氣氛。雖然並非氣勢磅礡的壯觀景色，但卻讓觀看者沉醉不已

 以ゆうステーション做為中繼站　　交通

■ 從阿蘇熊本機場開車至鍋之瀑布約1小時30分

若搭乘大眾交通工具，是從阿蘇站搭乘前往杖立溫泉的巴士，於位在公路休息站小國的ゆうステーション下車。轉搭計程車約15分可到達瀑布入口。

可順便安排造訪溫泉　　行程範例

| | **在溫泉悠閒度過第一天** |
|第1天 下午| 從阿蘇熊本機場或阿蘇站直接前往杖立溫泉。這一天就逛逛充滿情調的溫泉街，在愜意的步調中度過吧。 |

| | **早點出發前往瀑布** |
|第2天 上午| 出發前往鍋之瀑布，抵達之後可拍照留念、走到瀑布後方好好欣賞美麗的水流。然後回到ゆうステーション。 |

| | **吃了爽口的蕎麥麵後造訪人氣的黑川溫泉** |
|第2天 下午| 前往在地知名蕎麥麵店林立的「蕎麥麵街道」吃午餐，接著往黑川溫泉移動。這一天就留在黑川溫泉好好享受溫泉巡禮吧。 |

住宿情報 小國周邊有涌蓋溫泉、杖立溫泉、黑川溫泉等著名溫泉地。

43

位於奧秩父溪谷內
連接成階梯狀的壯麗瀑布

ななつがまごだんのたき

七釜五段瀑布

山梨

流水浸蝕巨大的花崗岩所形成的
自然藝術。位於秩父多摩甲斐國
家公園內的西澤溪谷

1 到了秋天，周圍的欅樹、水楢樹、楓樹等的樹葉也紛紛轉紅

2 5月的西澤溪谷可看到新綠及東石楠花的大群落美麗綻放的景象

3 分成3層傾瀉而下，全長約8m的三重瀑布也很壯觀

沿著溪流旁的道路美景不斷 造訪難以言喻的療癒絕景

西澤溪谷中流經原生林的溪流製造出了各式各樣的大小瀑布及水潭，展現出饒富變化的景觀之美，位在溪谷最深處的便是七釜五段瀑布。5座瀑布與瀑布下圓形的水潭排列成一直線，源源不絕奔流而下的清澈碧綠溪水彷彿要溢出了水潭般。下2層瀑布的落差分別高達9m、10m，其姿態優雅而又震撼人心。到了秋天，周遭的樹木紛紛褪去綠色外衣，與白色的水花相互映襯，讓這一帶充滿了神祕氣息。溪谷內規劃有全長10km的健行路線，在這裡做森林浴有顯著的放鬆效果，也因此被認定為「森林療法基地」。

溪谷之美在秋天到達高峰　季節／時間

1	2	3	4	5	6	7	8	9	10	11	12

隨著4月29日開放入山，石楠花的群落也會一齊綻放。5月中旬～6月下旬則有美麗的新綠景色。秋天時可看到楓樹及欅樹的紅葉。12月1日～4月28日禁止入山。

賞花時節 石楠花 5月上旬～中旬
紅葉 10月中旬～11月上旬

穿著簡便的登山裝備上山吧　貼心叮嚀

前往瀑布的路上有許多被溪流的水花噴濺到而容易打滑的岩石，以及必須借助鎖鏈前進的地方，請隨時留意腳下。建議穿著鞋底牢固、平常穿得慣的鞋子。另外，寵物同行會非常危險，請勿攜帶。

絕景達人教你玩

西澤溪谷導覽會的工作人員

請預留充分時間，以體驗走訪瀑布的樂趣。邊走邊聽導遊介紹這裡的歷史及沿途花草也很有意思喔（收費，需預約）。新綠與紅葉時節更是值得推薦！探索溪谷之後，請好好享受溫泉及鄉土料理。

如何取得最新資訊

西澤溪谷導覽會（山梨市公所觀光課內）
☎0553-22-1111（內線2147～9）
山梨市站前觀光服務處　☎0553-21-8000
山梨縣山梨市上神內川72-7

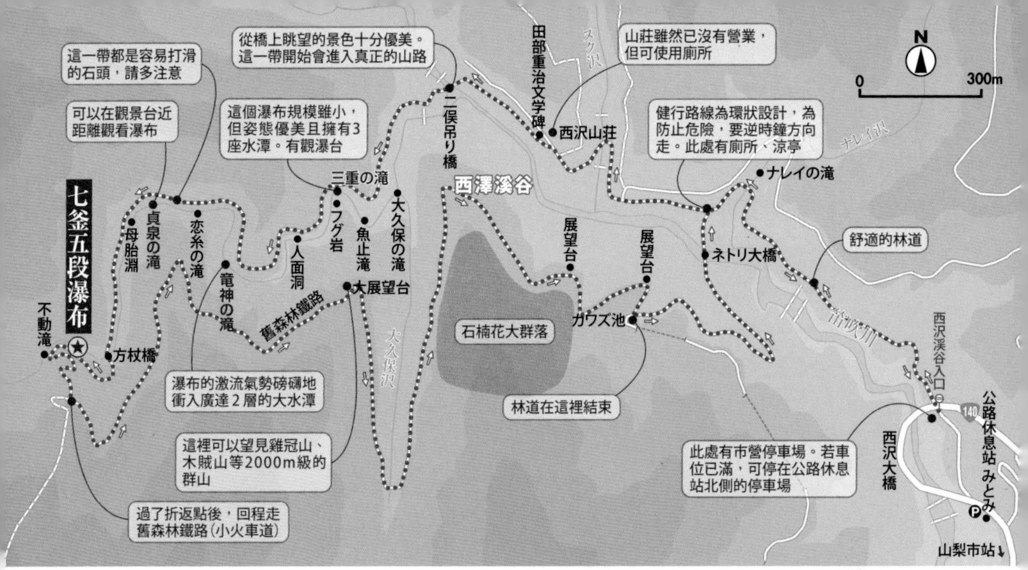

這一帶都是容易打滑的石頭，請多注意
從橋上眺望的景色十分優美。這一帶開始會進入真正的山路
田部重治文学碑
山莊雖然已沒有營業，但可使用廁所
N
0
300m
可以在觀景台近距離觀看瀑布
這個瀑布規模雖小，但姿態優美且擁有3座水潭。有觀瀑台
二俣吊り橋
西沢山荘
健行路線為環狀設計，為防止危險，要逆時鐘方向走。此處有廁所、涼亭
ナレイの滝
七釜五段瀑布
三重の滝
西澤溪谷
母胎淵
貞泉の滝
恋糸の滝
フグ岩
魚止滝
大久保の滝
人面洞
竜神の滝
大展望台
展望台
展望台
ネトリ大橋
舒適的林道
不動滝
舊森林鐵路
石楠花大群落
ガウズ池
方杖橋
大久保沢
笛吹川
西沢渓谷入口
瀑布的激流氣勢磅礴地衝入廣達2層的大水潭
林道在這裡結束
公路休息站 みとみ
這裡可以望見雞冠山、木賊山等2000m級的群山
此處有市營停車場。若車位已滿，可停在公路休息站北側的停車場
西沢大橋
140
過了折返點後，回程走舊森林鐵路（小火車道）
山梨市站

從山梨市站出發的巴士很方便　交通

■ 從山梨市站搭乘山梨市營巴士至西沢溪谷入口約1小時
■ 從勝沼IC開車至西沢溪谷入口約50分

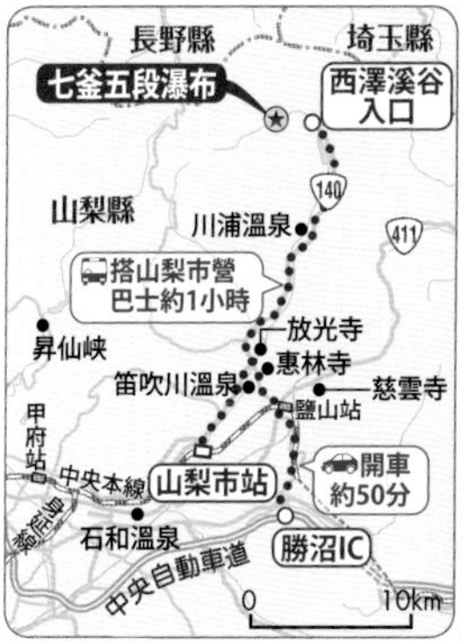

長野縣
埼玉縣
七釜五段瀑布
西澤溪谷入口
140
山梨縣
川浦溫泉
411
搭山梨市營巴士約1小時
放光寺
昇仙峡
惠林寺
笛吹川溫泉
慈雲寺
鹽山站
甲府站
中央本線
山梨市站
開車約50分
身延線
石和溫泉
勝沼IC
中央自動車道
0
10km

由於市營巴士1天只有約4班，建議事先確認好時間。如果人數夠的話，也可以從山梨市站搭乘計程車，時間約40分。黃金週與10～11月的紅葉季節、5～9月的週六、週日、假日也有從鹽山站出發的巴士。

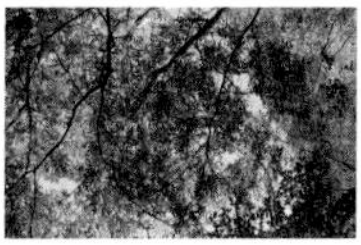

這樣玩更有意思♪

水果

勝沼周邊有許多可以採葡萄、水蜜桃、草莓、櫻桃等水果的果園，咖啡店也吃得到使用水果做的特色餐點。

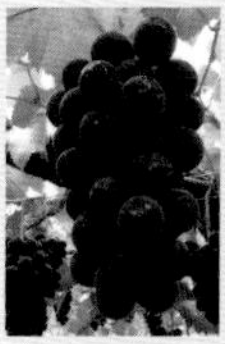

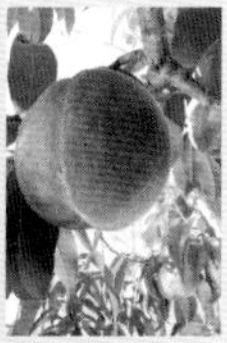

桔梗信玄餅

1968（昭和43）年開始銷售，山梨最為暢銷的伴手禮點心。將黑糖蜜淋在裹了黃豆粉的麻糬上享用。裝在塑膠盒內，並以包袱布個別包裝也是一大特色。

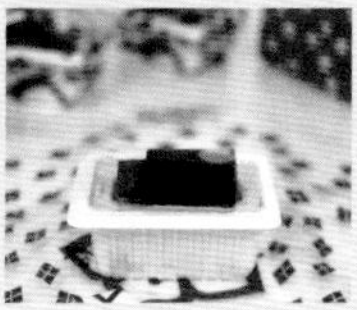

來趟愜意的森林浴健行　行程範例

第1天

上午　**從西澤溪谷入口出發開始環狀路線**
去程一面欣賞瀑布及奇岩，沿著溪流往上走。從溪谷入口至七釜五段瀑布約2小時。

下午　**從舊森林鐵路眺望瀑布**
回程則走舊森林鐵路（小火車道）。健行後前往離西澤溪谷不遠的川浦溫泉，並在此過夜。

第2天

上午　**造訪有美麗花卉的近郊古剎**
前往收藏了武田信玄相關文物的惠林寺，以及以重要文化財三佛像著稱的放光寺。如果剛好是初春時節的話，就順便造訪枝垂櫻開得正美的慈雲寺吧。

下午　**順道去勝沼的葡萄酒莊走走**
參加葡萄酒莊的各種行程，然後在傍晚踏上歸途。

精選推薦景點

因武田信玄的菩提寺著稱的名剎

惠林寺　えりんじ

從西澤溪谷開車約40分

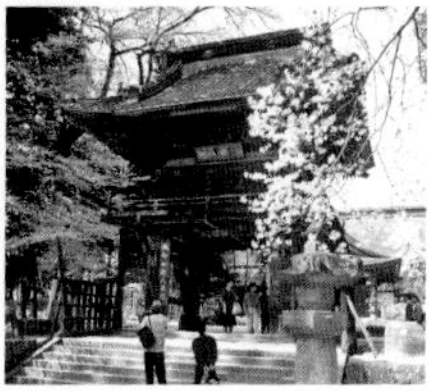

夢窗國師於1330（元德2）年所創立。本堂後方的池泉迴遊式庭園尤其有名，也是國家指定名勝。寺內還收藏了武田信玄的盔甲及指揮扇等寶物。

品嘗享譽國際的甲州葡萄酒

勝沼葡萄酒莊巡禮　かつぬまワイナリーめぐり

從西澤溪谷開車約40～50分

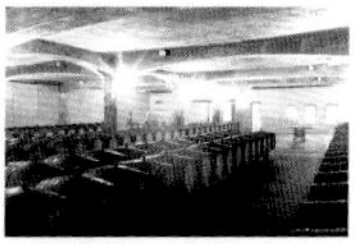

勝沼約有80座葡萄酒莊，是葡萄酒王國山梨縣的重鎮。各酒莊都有舉辦可參觀工廠及試喝等的免費行程。

住宿情報　位於車程約20分處的川浦溫泉有旅館。也可以開車40～50分前往笛吹川溫泉、石和溫泉。

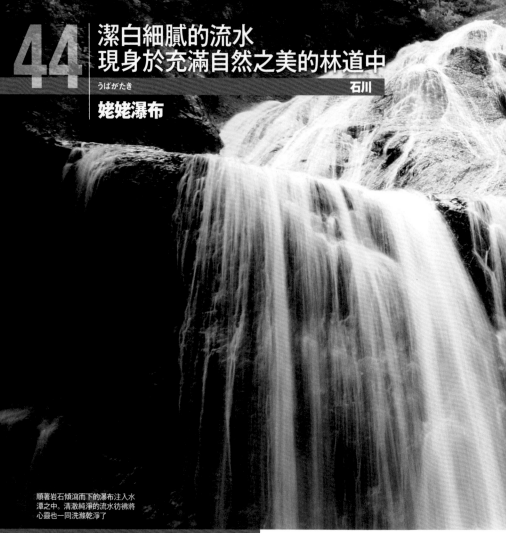

44

潔白細膩的流水
現身於充滿自然之美的林道中

うばがたき

石川

姥姥瀑布

順著岩石傾瀉而下的瀑布注入水
潭之中。清澈純淨的流水彷彿將
心靈也一同洗滌乾淨了

粗獷陽剛的岩石肌理與
潔白的涓涓細流形成美麗對比

　　姥姥瀑布是位於連接石川縣與岐阜縣的白山白川鄉白色公路的瀑布之一，無數的白色水流從嶙峋的岩石間傾注而下的光景不僅優美，且扣人心弦，因而入選日本百大瀑布。由於水流看起來就像老婆婆的白髮般，所以獲得姥姥瀑布之名。除了這裡的絕景之外，驅車行駛於白山白川鄉白色公路，還能一併欣賞沿途各處的美景。

 如何取得最新資訊

白山市觀光聯盟　☎076-259-5893
石川縣白山市殿町39

紅葉季節或水量多時景色最棒　季節／時間

1	2	3	4	5	6	7	8	9	10	11	12

最推薦前來的時節是10月下旬～11月上旬，可以同時欣賞瀑布及美麗的紅葉。紅葉季節告一段落的11月中旬～6月上旬，白色公路會因為積雪而禁止通行，無法前往瀑布。融雪的季節或降雨過後等河水增多的時候，瀑布看起來會更有震撼力。相反地，好天氣持續時水量會變少，看起來就沒那麼壯觀，建議避開。另外，白色公路夜間禁止通行。

穿著適合戶外活動的服裝　貼心叮嚀

瀑布所在的白山白川鄉白色公路只開放汽車進入，因此要自行開車或搭乘旅行團巴士。雖然從附近的蛇谷園地停車場也可以遠眺瀑布，不過只要走約15分鐘就可抵達到瀑布附近。通往瀑布的路上來回都有陡峭的階梯，建議穿著好走的鞋子。

所在地

享受在山林間兜風的樂趣

 交通

從**白山IC**開車至**中宮收費站**約**1小時** ➡
從**中宮收費站**開車至蛇谷園地停車場約**8分**

若從岐阜縣前往，由距離白川鄉IC車程約10分的馬狩收費站
進入白山白川鄉白色公路，至蛇谷園地停車場約40分。

探訪歷史名勝與壯闊的自然

 行程範例

第1天 下午
到達金澤後享用新鮮海產、走訪名勝
觀光的起點為金澤。過了中午抵達金澤站後，先前往
近江町市場品嘗海鮮填飽肚子。之後則去金澤城公園
及兼六園等歷史名勝觀光。

第1天 上午
租車後一路兜風至姥姥瀑布
在金澤租車，朝姥姥瀑布出發。途中可以順便造訪將
白山供奉為神明的白山比咩神社，以及斷崖綿延達
8km的手取峽谷。

第2天 下午
看了姥姥瀑布後前往白川鄉
進入白山白川鄉白色公路，走
訪沿途的後高瀑布（しりたか
滝）等，飽覽自然風光。到了
蛇谷園地停車場後下車散步到姥姥瀑布，欣賞完瀑布
後再繼續兜風。在途中的白山展望台眺望白山雄偉的
英姿，然後前往世界遺產—合掌村聚落白川鄉。

45 高達1萬mm的年雨量孕育出
滿布青苔、神秘莊嚴的原始森林

やくしまのしらたにうんすいきょう

鹿兒島

屋久島的白谷雲水峽

所在地

面積廣達424公頃的天然照葉樹
森林。白谷川的清流滋潤了無
數樹木與青苔

屋久島的白谷雲水峽　**145**

苔蘚、清流、屋久杉原生林打造出有如居住著精靈的神秘森林

屋久島在1993（平成5）年成為了日本第一個登錄為世界自然遺產的地方，島上有9成地方都是原生林構成的蒼鬱森林。整座島囊括了冷溫帶到亞熱帶的氣候特性，造就出極為罕見的自然環境，有7成以上日本國內的植物品種及約40種的固有種生長於此。最能體現屋久島魅力的所在，便是位於清流白谷川上游的白谷雲水峽。豐沛的雨量孕育出多達600種的苔蘚覆蓋著各處，地面、樹幹、岩石等，放眼望去盡是一片綠色。看到這令人出神的夢幻美景，每個人都會不禁屏息讚嘆。森林中鋪設了步道，讓來到這裡的遊客用全身去感受高聳的屋久杉、岩盤間壯觀的瀑布等屋久島森林變化多端的魅力。

ⓘ 如何取得最新資訊

屋久島觀光協會 宮之浦服務處　☎0997-42-1019
圉 鹿児島県熊毛郡屋久島町宮之浦港總站內
屋久島觀光中心　☎0997-42-0091
圉 鹿児島県熊毛郡屋久島町宮之浦799

🍀 親身體驗屋久島的豐沛雨量　季節／時間

1	2	3	4	5	6	7	8	9	10	11	12

最適合造訪屋久島的時間為4月上旬～7月上旬。屋久島以多雨著稱，尤其6月下得最多，其次是3～5月，8～9月則是颱風季。除此之外，建議也要做好會遇到下雨的心理準備，不妨想成下點雨的話露比較好玩。過了11月後，氣溫會大幅下降，冬天常會下雪。

賞花時節　屋久島石楠花 5～6月　苔蕈 5～6月
姬小茄子 7月　姬團扇大文字草 9～10月
細葉白熊 9～10月　屋久島日本雙蝴蝶 9～10月

🥾❗ 準備好充足的輕登山裝備　貼心叮嚀

健行鞋與牢固的雨具、水、食物是必備物品。雖然沒有特別難走的地方，但容易打滑，水量也可能會因為下雨而增加，要多加注意。冬季也有可能會因為積雪、結冰等而封路。走在原生林步道等地方時，若登山道不易辨識的話，可以尋找綁在樹上的粉紅色帶子做為依據。

絕景達人教你玩

白谷雲水峽的氣溫會比有人居住的地方低約5℃，夏天也得準備長袖衣物。這裡的濕地及苔蘚非常美麗，在走到水潭時不妨放慢腳步休息一下。如果體力好的話請務必上到太鼓岩，可以看到難得的絕景喔。

青木先生(屋久島パーソナルエコツアー)

1 滿是青苔覆蓋的幽玄世界，也以電影《魔法公主》故事舞台的原型而著稱
2 位在白谷雲水峽最深處，從標高1050m的太鼓岩可眺望屋久杉的森林
3 步道途中會經過くぐり杉。樹下的空洞連成人都可以輕鬆通過

可從宮之浦港搭巴士到達　交通

■ 從鹿兒島機場搭飛機至屋久島機場約35分
■ 從鹿兒島本港南碼頭搭乘高速船至宮之浦港約1小時45分

鹿兒島往屋久島的飛機1天約有5班，高速船則是1天約6班（因時期而異）。從屋久島的宮之浦港前往白谷雲水峽的路線巴士1天約有5班，所需時間約40分（黃金週及夏季會加開）。機場及港口也有計程車可搭。如果想自由四處移動的話，租車較為方便。

細細探索原生林的森林　行程範例

第1天

上午　**先從宮之浦港前往飯店**
在飯店辦理好入住手續後早點吃午餐。

下午　**認識島上歷史與屋久杉的祕密**
在屋久島樂園細細觀賞巨大的杉木，然後前往屋久杉自然館深入學習屋久島及屋久杉的相關知識。

第2天

上午　**買好便當後搭巴士前往白谷雲水峽的入口**
從白谷廣場開始健行。散步路線有好幾種選擇，去程先走原生林步道。在白谷小屋享用午餐。

下午　**沉浸在充滿神祕氣息的苔綠色世界中**
從過了七本杉的地方開始，便來到了滿是青苔覆蓋的苔むす森，同時也是最大的絕景景點。從這裡再繼續往太鼓岩走。回程則走江戶時代的古道楠川步道。

第3天

上午　**租車環島一周**
開車在沿海岸線修築的縣道上環島一周，走訪永田田舍海灘、西部林道、千尋瀑布等名勝。

下午　**購買屋久杉工藝品當作伴手禮**
採買喜歡的伴手禮後踏上歸途。如果時間夠的話，也可以挑戰繩文杉健行。

這樣玩更有意思♪

屋久杉工藝品
帶有獨特美麗木紋的屋久杉工藝品是島上人氣No.1的伴手禮。這些工藝品是用200～300年前的、稱為土埋木的屋久杉切削製作而成，表面光澤動人。

折首鯖魚
鯖魚一般因為容易損傷，所以不會做成生魚片吃，不過在屋久島會將剛釣起的鯖魚頭折斷放血，所以能維持鮮度，吃生魚片也沒問題。

精選推薦景點

落差88m，南九州著名的大瀑布
大川瀑布　おおこのたき

從宮之浦港開車約1小時30分

水流從岩壁上豪邁地直瀉而下，入選日本百大瀑布的知名瀑布。降雨過後水量會增加，更添震撼力。

從位於本富岳山麓的展望台眺望
千尋瀑布　せんぴろのたき

從宮之浦港開車約50分

描繪出美麗V字形的山谷瀑布。流水從巨大花崗岩的中央氣勢磅礴地傾瀉，落差達60m，非常壯觀。

全球知名的海龜產卵地
永田田舍海灘　ながたいなかはま

從宮之浦港開車約30分

綿延約800m的美麗潔白沙灘。每年5～7月會有綠蠵龜及赤蠵龜上岸產卵。

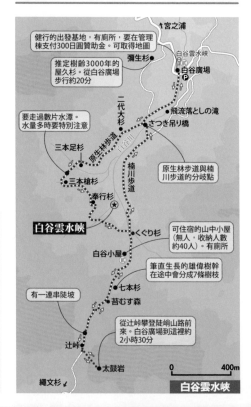

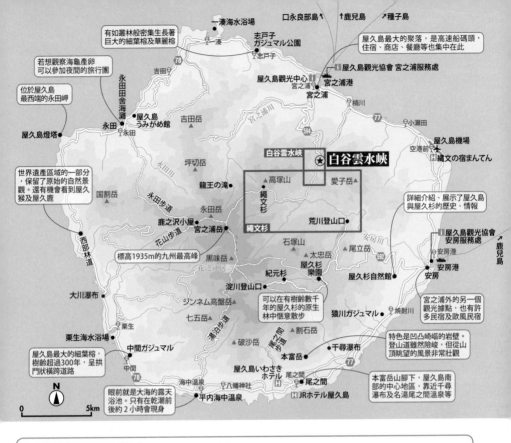

一湊海水浴場
口永良部島 ↑鹿兒島 ↗種子島
志戸子
ガジュマル公園

有如叢林般密集生長著巨大的細葉榕及華麗榕

屋久島最大的聚落，是高速船碼頭，住宿、商店、餐廳等也集中在此

若想觀察海龜產卵可以參加夜間的旅行團

湊

屋久島觀光中心
屋久島觀光協會 宮之浦服務處

吉田
78
宮之浦
宮之浦港

位於屋久島最西端的永田岬

永田田舍海灘

屋久島うみがめ館

吉田岳

楠川
小瀬田
77

永田

永田岳
宮之浦岳
坪切岳

594

永田川

屋久島機場
空港前
繩文の宿まんてん

屋久島燈塔

白谷雲水峽 ★ 白谷雲水峽

高塚山
繩文杉
愛子岳

詳細介紹、展示了屋久島與屋久杉的歷史、情報

世界遺產區域的一部分，保留了原始的自然景觀。還有機會看到屋久猴及屋久鹿

鹿之沢小屋
宮之浦岳

花山步道

荒川登山口

繩文杉
安房川
592

屋久島觀光協會 安房服務處
安房港

鹿兒島

西部林道

標高1935m的九州最高峰
黑味岳
花之江河

石塚山
太忠岳
尾立岳

屋久杉
樂園
屋久杉自然館

安房

大川瀑布

淀川登山口

ジンネム高盤岳

紀元杉

可以在有樹齡數千年的屋久杉的原生林中愜意散步

猿川ガジュマル
焼酎川

宮之浦外的另一個觀光據點，也有許多民宿及歐風民宿

七五岳

湯泊步道

破沙岳

割石岳

本富岳

千尋瀑布
77

特色是凹凸崎嶇的岩壁。登山道雖然險峻，但從山頂眺望的風景非常壯觀

屋久島最大的細葉榕，樹齡超過300年，呈拱門狀橫跨道路

栗生海水浴場
中間ガジュマル
中間
78

尾之間步道

屋久島いわさきホテル
尾之間
尾之間

本富岳山腳下，屋久島南部的中心地區，靠近千尋瀑布及名湯尾之間溫泉等

眼前就是大海的露天浴池。只有在乾潮前後約2小時會現身

中央温泉
八幡神社
平内海中温泉

JRホテル屋久島

N
0 5km

挑戰繩文杉健行！

可說是屋久島代名詞的繩文杉是島上最大的杉木，推定樹齡一說為7200年，另一說則為2170年，樹幹周長則達16.4m。眾多來自日本國內外的遊客前來挑戰當天來回的長時間健行，為的就是一睹其英姿。從荒川登山口沿大株步道來回22km的路線最有人氣，所需時間約10小時。途中會經過大王杉、三代杉、威爾森之樹等著名的巨木，能充分體驗遠古森林的魅力。由於有相當陡峭的山路，必須準備正規的登山裝備。

繩文杉

ヨウジガ高岳
白谷小屋
白谷雲水峽
愛子岳

這裡開始是白谷雲水峽

高塚山
連續的陡峭上坡
辻峠
太鼓岩
辻の岩屋

荒川登山口→大株步道入口是河畔的平坦道路。約8km

高塚小屋
夫婦杉
大株步道
翁杉
威爾森之樹
三代杉
休憩所
小杉谷小学校跡
中島權現岳

宮之浦岳
大王杉
大株步道入口
トロッコ道
荒川登山口

有如牽手般排列在一起的2株屋久杉

楠川分かれ

最普遍的起點＆終點
ジトンジ岳
尾立水壩
安房

0 1km

1 表面滿是凹凸起伏的繩文杉，會隨著光影改變展現出千變萬化的樣貌
2 進到威爾森之樹往上看可看出愛心的形狀。樹幹裡的空間約有5坪大

46

探訪位於日本神話淵源之地的
神秘瀑布與壯麗斷崖

たかちほきょう

宮崎

高千穗峽

高千穗峽於1934（昭和9）年被
指定為名勝、天然紀念物。照片
為從觀瀑台俯瞰真名井瀑布

所在地

1 租賃小船在天候不佳或河川水位上漲時會暫停營業，請多加注意

2 仙人屏風岩。從小船搭乘處至此地的柱狀節理斷崖群、上游的神橋為止是峽谷內最有看頭的一段

3 高千穗鄉八十八社的總社—高千穗神社。神社內所祭祀的夫婦杉可保佑姻緣

坐上手划的租賃小船
來趟徜徉於悠遠大自然中的小旅行

　　高千穗峽是阿蘇山的火山活動所噴發的火山碎屑流進到五瀨川，經長時間浸蝕而成的峽谷。高的地方達100m，平均80m的山崖綿延長達7km。熔岩冷卻凝固為角柱狀所形成的柱狀節理斷崖極為壯觀，令人讚嘆不已。

　　峽谷內最具代表性的景點為落差約17m的真名井瀑布。傳說天孫降臨之時，由於此地無水，於是天村雲命將「水種」移到這裡，形成稱為「天真名井」的水源。乘坐租賃小船可以近距離觀賞純淨透亮的流水有如光線投射般傾瀉進五瀨川的景象。另外，這裡還修築備有觀瀑台的步道，可以居高臨下欣賞瀑布。

ℹ 如何取得最新資訊

高千穗町觀光協會 まちなか服務處 ☎0982-72-3031
址 宮崎縣西臼杵郡高千穗町三田井802-3
公路休息站 高千穗 觀光服務處 ☎0982-72-4680
址 宮崎縣西臼杵郡高千穗町三田井1296-5

🍀 可順便安排周邊觀光行程　　季節／時間

1	2	3	4	5	6	7	8	9	10	11	12

草木欣欣向榮的新綠時節以及峽谷一片火紅的紅葉季節是最適合造訪高千穗的時候。不過旅遊旺季時，搭乘小船常得等上2～3小時。如果是秋天前來，從近郊的國見之丘眺望雲海也很值得推薦。10月～11月下旬的清晨比較容易出現雲海。另外，11月中旬～2月上旬則能看到上演整夜的正統夜神樂。

👣 先辦理租賃小船的乘船登記　　貼心叮嚀

小船的乘船無法預約，只能當天直接至窗口登記。人潮擁擠時會發放號碼牌，於規定時間集合。由於登記受理有可能會提早結束，建議先辦理好登記後再去觀光。まちなか服務處有提供電動自行車租借。

絕景達人教你玩

黃金週及賞楓季節會湧入大量遊客，小船建議早上搭乘。觀賞了神樂之後，就一面飲用將燒酎裝進竹筒、以柴火加熱的「カッポ酒」，一面品嘗高千穗美食吧。

山口小姐(高千穗町觀光協會)

標高513m，以觀賞雲海著稱。秋天的清晨最有機會看到
國見之丘

高千穗觀光物產館トンネルの駅
高千穗あまてらす鐵道
據說能保佑才藝精進及姻緣
荒立神社
天岩戶站→

高千穗站

已廢線的高千穗鐵道目前僅有スーパーカート觀光列車行駛於高千穗站與天岩戶站之間。從高千穗橋梁眺望的景觀堪稱絕景

高千穗町公所

欅木老樹下現今仍有井水湧出
天真名井

五ヶ瀬川

穗觸神社

附設觀光服務處，可索取高千穗的地圖等

高千穗町觀光協會まちなか服務處
高千穗バスセンター
高天原遙拜所

公路休息站 高千穗
神都高千穗大橋 P

每晚會上演高千穗神樂
がまだせ市場

可在此登記參加當地旅行團或租借自行車

天岩戶神社

與神橋、高千穗大橋合稱為三段橋。從高千穗峽可以看到這裡
高千穗神社

石造的復古風格完美融入峽谷景觀中
高千穗大橋 P
遊步道入口
餐廳·商店 P **神橋**

也曾在神話中出現，高約3m、重達200噸的巨大岩石

販售高千穗產蔬菜，並附設能吃到高千穗牛的餐廳

租賃的小船只能航行到這一帶
槍飛橋
鬼八的力石
仙人屏風石
觀瀑台 **玉垂の滝**
真名井瀑布

位在前往小船搭乘處前停車場的道路旁。有好幾道水柱傾瀉而下

可俯瞰真名井瀑布的絕景景點。周邊修築了約1km的步道

御橋 P

高千穗峽的重點
小船搭乘處
餐廳·商店

有許多伴手禮店，還有吃得到流水麵線的店（冬季歇業）

高千穗峽

N
0   300m

 ## 兜風欣賞壯麗景色　　　　　交通

■ 從北方IC開車至高千穗峽約40分
■ 從阿蘇熊本機場開車至高千穗峽1小時30分

阿蘇熊本機場
豐肥本線
大分縣 326
△阿蘇山
九州新幹線
熊本縣
宮崎縣
高千穗峽
開車約1小時30分
開車約40分
北方IC
延岡JCT
延岡站
445 265 218
20km

若是開車，下了北方IC後行駛國道218號約40分。從熊本一帶開過來的話，途中還能欣賞到阿蘇壯麗的景色。熊本站、博多站等地都有開往高千穗巴士中心的高速巴士。

這樣玩更有意思♪

❋ **夜神樂與高千穗神樂**

夜神樂會由20個聚落的每一鄉里招待氏神、上演舞樂。日本神話中的神明會紛紛登場，感謝收穫並祈求五穀豐收。表演節目共有33齣，會在11月中旬～2月上旬各聚落的例祭日徹夜上演。而高千穗神樂是以觀光表演為目的，上演夜神樂中代表性的4齣神樂，每晚在高千穗神社演出。

高千穗神社（神樂殿）
上演 每日20:00～21:00(不需預約) **費**700日圓

✏ ## 能量景點巡禮之旅　　　　行程範例

第1天	上午	**從阿蘇熊本機場一路悠閒地兜風** 機場租車後前往高千穗前進。首先參拜高千穗神社，登記好租借小船後，趁等待的時間享用發源自高千穗的流水麵線。
	下午	**划著小船來到瀑布前近距離觀賞** 乘坐租賃小船仰望真名井瀑布。然後走上步道，俯瞰高千穗峽的斷崖。欣賞了夏季限定的瀑布夜間點燈後，前往上演高千穗神樂的高千穗神社。
第2天	上午	**參拜在神話中登場的天岩戶神社** 造訪天岩戶神社，並在傳說一面堆石頭一面許願可讓心願實現的天安河原體驗堆石頭。接著前往可將高千穗盆地盡收眼底的國見之丘。
	下午	**參觀長達1km的原酒熟成隧道儲藏庫** 在高千穗觀光物產館トンネルの駅認識在地酒及工藝品。

精選推薦景點 ▏▏▏▏▏▏▏▏▏▏▏▏▏▏▏▏▏▏▏▏▏▏▏▏▏▏▏▏

古事記、日本書紀中天岩戶神話的故事舞台

天岩戶神社　　あまのいわとじんじゃ

從高千穗峽開車約15分

神社所供奉的神體是天岩戶，相傳為天照大神隱身的洞穴。神社內由岩戶川隔出了西本宮與東本宮，天岩戶要從西本宮的遙拜所參拜（需登記）。從西本宮再往前走就是稱為天安河原的巨大洞窟，傳說是天岩戶神話中，天照大神隱身之際八百萬神明聚集會商之地。

47

震撼的斷崖、奇岩
打造出譽為日本桂林的峽谷

どろきょう

和歌山／三重／奈良

瀞峽

所在地

穿梭於斷崖、奇岩間的噴射船在周
圍滿是綠意的北山川上往來交會

1 鮮豔的紅葉在秋天時為峽谷增添色彩
2 看起來像橫躺的獅子在吼叫的獅子岩
3 瀞峽有相當比例的常綠樹，在新綠季節尤其美麗

為國家特別名勝、天然紀念物
群山深處的峽谷保留了遠古自然景觀

源自大台原的北山川穿過了熊野的山間，與熊野川交會前，有一處位於和歌山、三重、奈良縣界一帶的秘境，名為瀞峽。連綿約31km的峽谷內，有豐富的綠意與花卉點綴在巨石、奇岩及斷崖間。下游的瀞八丁風景尤其優美，可以搭乘疾駛於水面的噴射船欣賞此處的絕景。

ⓘ 如何取得最新資訊

熊野交通 志古船舶營業處 ☎0735-44-0331 🏠和歌山縣新宮市熊野川町日足272（瀞峽めぐりの里 熊野川）

🍀 新綠及紅葉襯托峽谷之美　<small>季節／時間</small>

1	2	3	4	5	6	7	8	9	10	11	12

四季花卉及樹木為峽谷增添風采，不論哪個季節風景都美不勝收。春天淺粉色的櫻花在常綠樹之間更顯突出。初夏時耀眼的新綠，岩石間的皐月杜鵑同時盛開，繽紛艷麗。秋天也能看到紅、黃色紅葉穿插在綠樹之間。

🥾 做好萬全準備前往秘境　<small>貼心叮嚀</small>

噴射船志古乘船場所在的瀞峽めぐりの里 熊野川有齊全的設施，建議搭船前先上好廁所。由於這裡是多雨地帶，颱風季時有可能遇到突如其來的豪雨。

🚗 新宮出發的套裝行程十分划算　<small>交通</small>

■ 從新宮站搭乘熊野交通巴士至志古乘船場約40分

志古乘船場大概每小時有1班噴射船，走訪瀞峽再返回的參觀路線約2小時。也有從紀伊勝浦站、新宮站至志古乘船場的來回巴士（或計程車）搭配噴射船的套裝行程。

瀞峽觀光噴射船 🕐志古乘船場出發9:30～14:30 ※因時期而異 🈵天候不佳時 💰志古乘船場～瀞峽來回3440日圓，小川口乘船場～瀞峽來回2260日圓等

✏️ 熊野三山可在第2天擇一造訪　<small>行程範例</small>

第1天 下午 花上一天時間好好飽覽峽谷風光
新宮出發的巴士會沿熊野川往上游行駛。在志古乘船場下車後，搭乘噴射船溯河而上前往瀞峽。船的屋頂為可開啟式，因此能清楚看見上方的風景。回到志古後前往瀞峽めぐりの里 熊野川採買伴手禮，然後返回新宮。接著移動至那智勝浦並在此過夜。

第2天 上午 參觀世界遺產熊野那智大社與那智瀑布
從紀伊勝浦站搭乘巴士約30分，於終點下車。沿參道的石階往上走約15分，過了紅色鳥居後來到熊野那智大社參拜，接著前往那智瀑布。那智瀑布的水量及高度皆為日本第一，名列日本三大瀑布之一。

第2天 下午 事先確認好時刻表，以免錯過末班車
搭乘巴士回到紀伊勝浦站，踏上歸途。

🏠**住宿情報** 一般多是住宿在新宮或那智勝浦。可以享受山林風情的川湯溫泉等也不錯，但交通不便，請多加注意。

瀞峽　**155**

48

黑部川的清流與錦繡山巒
譜出以色彩演奏的交響樂章

くろべきょうこく
富山

黑部峽谷

小火車行駛於跨越黑部川，外觀為鮮紅色的新山彥橋上，透過車窗可以眺望溪谷中美麗的紅葉

1 猿飛峽是黑部川河道最窄處，有的地方甚至只有數公尺
2 黑薙站旁的後曳橋。據說山谷的深度會讓人不自覺地往後退，故得此名
3 小火車共分3種，有無窗的普通客車（左圖）、座位較寬敞的逍遙客車等，十分特別

坐在小火車上搖搖晃晃地前進
自在愜意地擁抱大自然

　　黑部峽谷山頂與河面的落差達1500～2000m，是日本最深的V字形峽谷。沿著黑部川行駛的小火車則可說是黑部峽谷觀光的最大亮點。從宇奈月到欅平間全長20.1km，以平均時速16km的緩慢速度行駛，途中會經過41座隧道與21座橋梁，刺激度滿分。隨著車輛移動，車窗外的景色也不斷變化，不論是碧綠色的宇奈月湖、鐘釣站前的紅葉名勝錦繡關等，一路上盡是美景。中途下車在大自然中散散步也很不錯，可以漫步在茂密的原生林中，或近距離觀看食人岩等奇景。從峽谷畔的溫泉旅館眺望的景色也美不勝收。

ℹ️ **如何取得最新資訊**

黑部宇奈月溫泉観光局ギャラリー　📞0765-57-2850
黑部峽谷鐵道營業中心　📞0765-62-1011
欅平遊客中心　📞0765-62-1155

🍀 小火車只在特定期間行駛　季節／時間

1	2	3	4	5	6	7	8	9	10	11	12

　　小火車的行駛期間為除雪作業結束的4月中旬至11月底。欅平及鐘釣附近充滿野趣的溫泉旅館也僅在這段期間營業。由於行駛期間每年都會更動，請事前確認。造訪黑部峽谷的最佳時機為10月下旬～11中旬，山林被紅葉染得最美的時候，不過新綠與清流讓人身心舒暢的初夏也很推薦。

👟 旅遊旺季務必記得預約　貼心叮嚀

　　雖然小火車不用預約就能搭乘，但黃金週或紅葉季時有可能會因為預約客滿而搭不上車，提早預約會比較安心（乘車日3個月前起開放預約）。另外，若中途下車，車票即告無效，此時要再重新購買到目的地的單程票。

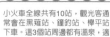
絕景達人教你玩

小火車全線共有10站，觀光客通常會在黑薙站、鐘釣站、欅平站下車。這3個站周邊都有溫泉，適合來趟秘湯尋訪之旅。初春及秋天搭乘小火車時感覺會比較冷，要記得帶禦寒衣物喔。

ウォー太郎（黑部名水吉祥物）

🚗 搭電車來也很方便   交通

■ 從新黑部站搭乘富山地方鐵道本線至宇奈月溫泉站約25分
■ 從黑部IC開車至宇奈月溫泉約20分

從金澤或關東前來，可搭乘北陸新幹線，在黑部宇奈月溫泉站轉往富山地方鐵道本線的新黑部。從富山地方鐵道本線的宇奈月溫泉站步行約5分可到達小火車的起站宇奈月站。

黑部峽谷鐵道小火車
☎ 7:32(宇奈月站發車)～17:25(櫸平站發車)※因時期而異 🏠 12月上旬～4月上旬 💰 至櫸平站單程1710日圓
黑部峽谷鐵道營業中心(預約受理)
📞 0765-62-1011 🔗 www.torokko-yoyaku.com

くろべえ&でんちゃー

🚃 搭乘小火車深入黑部川   行程範例

第1天

上午 **抵達黑部峽谷！搭上小火車**
搭乘富山地方鐵道本線前往宇奈月溫泉。等待已預約好的小火車發車時刻到來，然後搭車。

下午 **於櫸平站下車後漫步於大自然中**
宇奈月站至櫸平站的小火車之旅約1小時20分，可以細細品味窗外的峽谷之美。下車後走訪猿飛峽、櫸平溫泉的足湯、食人岩等景點。當晚住宿於峽谷旁的溫泉旅館。

第2天

上午 **近距離觀賞萬年雪**
從櫸平返回宇奈月時，中途於鐘釣下車，前往萬年雪展望台，好好享受開闊感十足的河原露天浴池。然後回到宇奈月溫泉。

下午 **一探在宇奈月溫泉及やまびこ步道看到的絕景**
在連接舊山彥橋與宇奈月水壩的やまびこ步道散步後，前往魚津的海市蜃樓公路。

這樣玩更有意思♪

🚃 小火車商品

黑部峽谷限定的小火車商品絕對會讓鐵道愛好者無法招架。主要車站的商店可買到條狀式的可動玩具、Q版小火車、磁鐵等。

宇奈月溫泉

精選推薦景點

以澄澈泉水著稱，富山數一數二的溫泉鄉

宇奈月溫泉   うなづきおんせん

> 從宇奈月溫泉站步行即到

源泉來自黑部川上游的大溫泉街，也以泉質為弱鹼性、有益肌膚的「美肌之湯」聞名。溫泉街有2處足湯，可以輕鬆地前往享受。也千萬別錯過了以黑部產大麥釀造的宇奈月啤酒。

能看到夢幻的海市蜃樓的名勝

海市蜃樓公路   しんきろうロード

> 從新魚津站步行約15分

日本海沿岸南北向的海岸線，非常適合兜風。此道路以海市蜃樓的發生地聞名，初春到初夏時期最容易遇到。魚津埋沒林博物館西側的海市蜃樓展望地點是觀察的好位置。

49

高聳的岩壁上滿是綠意與花卉
乘坐輕舟飽覽陸奧的四季風光

岩手

けいびけい

猊鼻溪

所在地

周圍的盎然綠意帶來陣陣清涼感。粗
獷陽剛的岩石與樹木形成美麗對比。
澄澈的河水中還能看見河魚的身影

1 冬季的猊鼻溪河面上有「暖桌船」穿梭往來。灰白色調的寂靜雪中風景讓人感覺彷彿置身水墨畫中

2 初夏繚繞著白霧的河面，更添夢幻氣息

3 秋天是粗獷豪邁的岩壁最為五彩繽紛的季節。溪谷的秋楓會較平地早一步造訪

愜意徜徉於深山幽谷的世界中
船夫悠揚的歌聲迴盪在岩壁間

　　猊鼻溪位在岩手縣南部，距離世界遺產平泉不遠的山中，在1925（大正14）年成為該縣首處國家指定名勝，是一座風光明媚的溪谷。連綿約2km的斷崖絕壁是石灰岩浸蝕所形成，高度約達100m，覆蓋在岩壁上的樹木及可愛花朵也隨著季節變化為這裡帶來不同風貌。砂鐵川的河面平靜和緩，與粗獷壯闊的岩層形成了對比，載著觀光客往返溪谷間的遊船十分有名。伴隨著「猊鼻追分」的歌聲，自在操作船槳的船夫會為遊客解說沿途的自然環境及可看之處。在約1小時半的遊船旅程中，眼前不斷出現的奇岩景觀讓人百看不厭，還可細細品味四季變化醞釀出的獨特風情。

ℹ 如何取得最新資訊

猊鼻觀光預約中心 ☎0191-47-2341
址 岩手縣一関市東山町長坂町376
一関觀光協會 ☎0191-23-2350
址 岩手縣一関市駅前1 商工會館1F

🍀 一年四季都適合來玩　　季節／時間

1	2	3	4	5	6	7	8	9	10	11	12

紫藤花綻放的春天、濃蔭帶來涼意的夏天、紅葉的秋天、雪景如水墨畫般的冬天…不論哪個季節來猊鼻溪，都有獨到的樂趣。初夏時如果運氣好的話，還能看到河面起霧的夢幻光景。

賞花時節 紫藤 5月下旬～6月上旬　山百合 7月
猊鼻石菖蒲 5月下旬～6月上旬　紅葉 10月中旬～11月上旬

👣❗ 邊用餐邊來趟風雅的遊船之旅　貼心叮嚀

初春及紅葉季節的早晚會比較冷，外出前多穿件衣服會比較保險。船上可自由飲食，在溪谷之美中愜意地用餐可說是十分奢侈的享受。最晚於2天前預約可訂購便當等，也可以自行準備食物帶上船。

絕景達人教你玩

春天到秋天有機會看到水中的魚，秋天到春天則有機會看到鴨子跟著船。餵食牠們也很有意思喔。另外也可以在位於折返處的「許願洞」挑戰看看將「運玉」丟入洞中！

千葉小姐（猊鼻觀光中心）

氣仙沼站

有餐廳及伴手禮店

げいびレストハウス
猊鼻觀光預約中心

東山和紙紙すき館
除了販賣和紙外，
也能進行抄紙體驗

Higashiyama Kanko Hotel

たかこう
げいび苑
猊鼻溪遊船
搭船處
鏡明岩

猊鼻溪站

藤岩
凌雲岩

早晨的岩石反射著
陽光，看來就像鏡
子一樣

毘沙門岩

河面上的霧氣，看起
來像漂浮在雲間

寬5m，深30m
的鐘乳石洞

遊船從這裡出發

晚春時岩石上會蓋滿紫藤花

あまよけの岩

據說以前的人
會在這裡躲雨

岩壁間的溪谷，
有陣陣涼風吹來

古桃溪

夫婦岩的其中一尊，高90m

夫婦岩的其中一尊，
看起來像女性側臉

新綠及紅葉時節
很有看頭

錦壁岩

壯夫岩　少婦岩

三好ヶ丘
船着場

獅子ヶ鼻
仙帯岩
大猊鼻岩

許願洞

位於大猊鼻岩的上
層，看起來像帶狀

周圍的樹木看起來
有如馬的鬃毛

馬鬣岩

げいび橋

形狀像獅子的鼻子，
也是猊鼻溪地名的由來

猊鼻溪

高124m，是遊船
能到達的最深處

 ## 搭電車或開車前來都方便　交通

■ 從一之關站搭乘JR大船渡線至猊鼻溪站約30分

盛岡站

猊鼻溪站
猊鼻溪

中尊寺
毛越寺
平泉站
達谷窟
東北新幹線

一関IC

嚴美溪

一之關站

岩手縣

大船渡線
搭JR大船渡線
約30分

氣仙沼站

284

東北本線

宮城站
仙台站

東北自動車道

4

0　　　10km

若是自行開車，世界遺產平泉距離猊鼻溪約30分鐘車程。搭
船處及休息區周邊有停車場。平泉站有岩手交通的巴士可搭
至猊鼻溪，約2小時1班（冬季停駛）。

猊鼻溪遊船
0191-47-2341（猊鼻觀光預約中心）　8:30～16:30
※因時期而異　休天候不佳時　費1600日圓

這樣玩更有意思♪

❀ **猊鼻溪主題遊船**

每年12～2月，猊鼻溪會有可一邊
取暖一邊遊船欣賞風景的「暖簾
船」航行。預約的話還能吃到著名
的「木流鍋」及釜飯全餐。另外，
5月與9月有可在船上參加茶會的
「茶席遊船」、7～8月的夏天傍
晚有「傍晚遊船」、滿月之夜的
「賞月遊船」等，各式各樣的主題
遊船。還會舉辦「舟上十六夜音樂
會」。

可一併安排平泉的觀光行程　行程範例

第1天	上午	**從一之關站快馬加鞭前往猊鼻溪** 搭乘東北新幹線抵達一之關站後，轉乘大船渡線前往猊鼻溪站。搭船處及休息區走路馬上就能到。
	下午	**結束遊船之旅後利用時間在一關觀光** 在休息區吃過午餐後開始遊船之旅，約1個半小時後會回到搭船處。然後前往一關市區，逛逛城下町、品嘗著名的年糕料理，當晚於周邊住宿。
第2天	上午	**走訪世界遺產平泉的主要景點** 搭乘電車前往平泉。中尊寺、毛越寺這2大寺廟絕對不可錯過。町內有巡迴巴士行駛，景點間移動時可多加利用，或是在車站租借自行車。
	下午	**在嚴美溪體驗另一種溪谷之美** 可以從平泉站（中途在達谷窟轉車。冬季停駛）或一之關站搭巴士前往嚴美溪。

精選推薦景點

體驗造訪世界遺產之地一定要去的名勝

中尊寺　ちゅうそんじ

從平泉站搭乘平泉巡迴巴士「るんるん」約10分

奧州藤原氏的初代一清衡所建造，為平泉代表性的寺
廟。除了第1號國寶建築—金色堂外，還有3000件以上的
國寶及重要文化財，是平安佛教美術的寶庫。

體驗有別於猊鼻溪的另一番風情

嚴美溪　げんびけい

從一之關站搭乘岩手交通巴士約20分

在約2km的距離中，充滿了激流到翡翠
色的平靜河面等饒富變化的景觀。從
對岸以繩索傳過來的名產「飛天糰
子」也值得一試。

🏠 **住宿情報**　可以選擇一之關站、平泉站周邊的飯店或旅館、嚴美溪一帶的溫泉旅館。猊鼻溪旁有一間飯店。

50

白色岩峰間穿插新綠及紅葉
日本數一數二的絕美溪谷

山梨

所在地

しょうせんきょう
昇仙峽

覺圓峰的磅礡氣勢令人讚嘆不已。
相傳過去曾有一名為覺圓的僧侶
於山頂修行

1 昇仙峽壯觀的紅葉常登上海報等。中心區域在10月中旬～11月下旬最適合觀賞

2 入選日本百大瀑布的仙娥瀑布，落差30m，風景壯麗

3 興建於昇仙峽入口的長潭橋是一座美麗的拱橋，在建築史上也十分著名

一面欣賞數不盡的奇岩怪石
一面愜意散步，沐浴在滿滿負離子中

昇仙峽是源自金峰山南麓的荒川浸蝕花崗岩所形成，為日本數一數二的美麗峽谷。從甲府站開車不到30分鐘，就能抵達位在如此深山幽谷中的絕景之地，讓人意想不到。最下游的天神森至仙娥瀑布之間的4km景色尤其優美，生長在岩層間的松樹、紅葉、杜鵑等紛紛在不同季節帶來繽紛色彩，讓遊客沉醉其中。海狗岩、猿岩等奇岩怪石在途中陸續現身，高180m的覺圓峰可說是昇仙峽象徵，聳立的姿態也讓人感到震撼。天神森與能泉之間有著名的卜テ馬車，有機會的話也不妨搭搭看。

i 如何取得最新資訊

昇仙峽觀光協會	☎090-8648-0243／☎055-287-2158
甲府市觀光協會	☎055-226-6550
甲府市觀光課	☎055-237-5702

✿ 11月的紅葉季最有人氣　　季節／時間

1	2	3	4	5	6	7	8	9	10	11	12

昇仙峽在每個季節各有不同魅力，不論何時都適合造訪。不過最棒的還是能看到潔白岩層與紅葉相互映襯的11月。在樹木吐出嫩芽的新綠季節前來享受舒暢的森林浴也不錯。
賞花時節 　櫻花 4月上旬～中旬　　三葉杜鵑 4月～5月初旬
紅葉 10月中旬～11月下旬

旺季時最好在9時前到達　　貼心叮嚀

由於昇仙峽十分有人氣，一整年都有眾多遊客前來，尤其是11月的週末，附近道路甚至會塞車。如果要開車前來，建議盡量早點到，以確保有位置可停車。步道雖然是柏油路，但最好還是穿著運動鞋之類的鞋子。

絕景達人教你玩

雖然這裡是人氣觀光勝地，但畢竟是山區，因此請穿著好走路的服裝。也最好準備可隨身攜帶的雨具，以因應突如其來的天候變化。玩得開心的秘訣就是「不要走得太賣力」。不妨看看花草、側耳傾聽野鳥的啼囀及枝葉窸窣聲，自在悠閒地散步。

田中先生（昇仙峽溪谷ホテル）

交通

從甲府站過來很方便

■ 從甲府站搭乘山梨交通巴士至昇仙峽口約30分

除了昇仙峽口外，巴士也會停靠中途的綠色路線昇仙峽及步道終點的昇仙峽滝上。由於班次不多，請事先確認好。若是開車前往，距離甲府昭和IC約30分車程。長潭橋～能泉間的溪谷沿線在5～11月的9～17時，平日只開放上山單向通行，週六、週日、假日則為行人專用，請多加注意。

於清新的早晨再訪溪谷

行程範例

第1天	上午	**步道沿路有許多絕佳攝影地點** 從昇仙峽口巴士站往遍布著奇岩的溪畔前進。午餐就在仙娥瀑布附近的餐廳品嘗蕎麥麵或餺飥吧。
	下午	**登上山頂欣賞絕佳美景** 搭乘空中纜車至山頂享受360度全方位美景，然後反方向走回石門附近，從另一個角度再次觀賞覺圓峰的絕景。晚上住宿於昇仙峽附近的飯店。
第2天	上午	**早起欣賞溪谷之美，然後直奔清里** 早上來趟溪谷散步後，前往清里一帶。中途可以在直銷所購買新鮮的高原蔬菜與水果當作伴手禮。
	下午	**在高原享受暢快的兜風樂趣** 午餐就在清里的人氣景點清泉寮享用。

這樣玩更有意思♪

✳ 昇仙峽空中纜車

連接山腳的仙娥滝站及山頂的パノラマ台站，全長1015m的空中纜車。天氣好時可以從山頂遠眺富士山及南阿爾卑斯山。
🕐 9:00～17:30（12～3月為→16:30）
休 1年1次不定休　費 來回1200日圓

🍲 甲府紅燒雞下水

用醬油基底的甜鹹醬汁熬煮雞肝、雞胗等內臟，是甲府的知名美食。可以在市內的蕎麥麵店等吃到。

🥘 餺飥

用味噌口味的湯汁燉煮南瓜、蔥等豐富的蔬菜及寬麵而成的鄉土料理。還有專門賣餺飥的連鎖餐廳。

（地圖）

荒川水壩
仙娥滝站
夫婦木姫之宮
昇仙峽空中纜車
路旁伴手禮店林立
昇仙峽影繪之森美術館
昇仙峽上
八雲神社
羅漢寺山
パノラマ台站
過橋前往對岸
仙娥瀑布
昇仙橋
石門
もみじ回廊
天狗岩
覺圓峰
荒川
巨大的花崗岩隧道
附近有許多伴手禮店、餐廳、民宿
能泉（トテ馬車搭車處）
昇仙峽溪谷ホテル
綠色路線昇仙峽
昇仙峽 ★
羅漢寺
羅漢寺橋
有明橋
登龍岩
天鼓林
愛のかけ橋
ふぐ石
はまぐり石
用力踏步的話地底會傳來像是打鼓的聲音
松茸石
遍布著奇岩怪石
猿岩　千田橋
トーフ岩
海狗岩
（7）
甲府市
鷹の巢山
トテ馬車（觀光馬車）能來回能泉。單程約40分
長潭橋
天神森（トテ馬車搭車處）
昇仙峽口
若是搭巴士前來，這裡為出發點
→甲府

N
0　　500m

精選推薦景點

山門與金堂不可錯過

甲斐善光寺　かいぜんこうじ

從昇仙峽開車約40分

1558（永祿元）年，起源於武田信玄在川中島合戰時因擔心信濃善光寺遭戰火波及，於是將本尊等遷至此地。寺內的寶物館值得一看。

八岳南麓充滿田園風情的高原度假地

清里　きよさと

從昇仙峽開車約1小時30分

標高約1200m，即使是盛夏時節，在遮蔭處也十分涼爽。清里最具代表性的觀光設施—清泉寮有廣闊的農場及公園等許多可看之處。使用在地食材製作的美食也深受好評。

ℹ 住宿情報　溪谷內有1家飯店。開車至甲府湯村溫泉約20分，甲府站周邊也有許多住宿設施。

51
令觀光客感動的吊橋
承載著村民滿滿的心意
たにぜのつりばし　　　　　　　　奈良

谷瀬吊橋

所在地

這座吊橋是為了讓河流兩岸聚落的民眾往來所興建，是全日本長度最長的生活用鋼索吊橋

谷瀨吊橋　169

1 果無聚落的入口立有世界遺產之碑。民家沿著稜線而建，可望見周圍群山
2 十津川流經交錯連綿的山谷間。山腳下的空曠處則有聚落
3 玉置神社位於大峰連山的南端，神社內有據說樹齡3000年的神代杉

隱身於深山村落的吊橋讓人體會到難以忘懷的刺激感與感動

十津川村位於奈良縣的最南部，被紀伊山地的群山所包圍，是全日本面積最大的村落。村子北部跨越了十津川的谷瀨吊橋興建於1954，目的是連接兩岸聚落，方便民眾生活。在此之前，村民都是走獨木橋，但每有洪水便會被沖走，因此由村民們集資，再加上村公所的協助，耗資800萬日圓興建了吊橋。吊橋長297.7m、高54m，走起來搖搖晃晃的，刺激度滿分。流經橋下的十津川及周圍群山的景色十分優美，因此也是人氣觀光地。走完吊橋後，可以好好體驗村子悠閒的氣氛、泡泡溫泉。

🍀 櫻花以外的季節花卉也很美麗 季節／時間

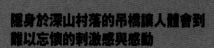

| 1 | 2 | 3 | 4 | 5 | 6 | 7 | 8 | 9 | 10 | 11 | 12 |

溪谷與群山展現美麗色彩的春天、初夏及秋天是最推薦的季節。櫻花在4月上旬開得最美。黃金週則可看到滿是新綠的景象，石楠花及蝴蝶花的群落等各式各樣的花卉都會綻放。11月上旬～中旬為紅葉季。每年8月4日在橋上會有搖太鼓的表演。8月的十津川大舞則是國家指定的重要無形民俗文化財。

👣 可以觀賞也能親自走上去體驗 貼心叮嚀

谷瀨吊橋雖然是以鋼索建造，但畢竟是吊橋，只要有人走上的話，搖晃程度超乎想像，也因此有規定不能同時超過20人過橋。另外，也禁止騎機車或自行車過橋。黃金週與盂蘭盆假期期間可能僅會開放單向通行。

絕景達人教你玩

在位於吊橋橋頭的吊橋茶屋，可以一面欣賞吊橋全景，一面品嘗當地的目張壽司或柚子雪酪。若有時間的話，不妨去走走當地修築的「ゆっくり散步道」前往展望台，可以看到平靜祥和的鄉間景色喔。

吊橋茶屋的店員們

ℹ️ 如何取得最新資訊

十津川村觀光協會 ☎0746-63-0200
📍奈良縣吉野郡十津川村小原315-1
十津川村公所 觀光振興課 ☎0746-62-0004

須確認好路線巴士的時刻　　交通

從五条站搭乘奈良交通巴士至上野地約2小時

前往谷瀨吊橋要搭乘以全日本距離最長的路線巴士聞名的奈良交通巴士八木新宮線，在上野地下車。由於班次很少，請多加注意。十津川村的村內有村營巴士行駛數條路線。若是自行開車，距離葛城IC約1小時30分，南紀白濱機場約2小時30分。

（地圖）
和歌山線　葛城IC　五条站　吉野山
高野山　吉野川　309
搭奈良交通巴士約2小時　168　奈良縣
和歌山縣　上野地　谷瀨吊橋
371　龍神溫泉　十津川溫泉　425　瀞峽
新宮站／南紀白濱機場

將十津川村的亮點一網打盡　　行程範例

第1天 下午
租車前往吊橋
到了五条站後先租車，然後沿國道168號南下，前往谷瀨吊橋，途中別忘了欣賞周圍景色。當晚住宿於十津川溫泉。

第2天 上午
造訪有天空之鄉稱號的果無聚落
搭乘人力空中纜車「野猿」，並造訪果無聚落，體驗驚險刺激感、觀賞絕景。有2個地方可搭乘野猿。果無聚落可以步行或開車前往，登山道的上坡十分陡峭。

第2天 下午
走進蒼鬱杉樹間僧侶的修行之地
前往玉置神社參拜。神社位在聳立於十津川與瀞峽間的玉置山山頂附近，標高1000m，十分涼爽。

這樣玩更有意思♪

✷ 野猿
野猿是過去民眾要渡過沒有橋梁的山谷間所使用的交通工具。是在山谷間拉起繩索，搭乘的人坐進有屋頂的轎子內用手拉著繩索前進。現在僅作為觀光用。

✷ 不住宿溫泉
十津川村是日本全國第一個做出「源泉放流宣言」的地方，在湯泉地、十津川、上湯等3處溫泉地共有21座入浴設施。除了可以純泡湯不住宿的溫泉旅館外，也有公眾浴池。

◉ 柚べし
將蕎麥粉、糯米粉等材料與味噌混合，塞進中間挖空的柚子內製成，為十津川村傳統的保藏食品，也是很受歡迎的下酒菜。

（右側地圖）
五条站　瀨戶水壩　旭水壩　N　0　4km
吊橋茶屋　上野地　**★ 谷瀨吊橋**　高津
川津　天竺山　風屋遊水池　瀧川
法主尾山　風屋水壩　滝川口　石佛山　中八山
仙人岳　十津川村役場前　龍神溫泉
十津川村觀光協會　湯泉地溫泉　大森山　425
公路休息站 十津川郷　歷史民俗資料館
大野出合　**21世紀的森**
森林植物公園口
天上山　十津川溫泉　大森山
藤尾　ホテル昴　玉置山
上湯溫泉　野猿　十津川溫泉　玉置神社
果無聚落　小邊路　新宮站

（地圖註記框）
十津川歷史最悠久的溫泉，有公衆浴池「滝の湯」與「泉湯」

有村子的特產區、咖啡座、足湯等

「世界森林」集合了各地約120種、1萬株的石楠花（4月下旬～5月中旬是最佳觀賞時機）

可免費使用的人力空中纜車。能在這裡及ホテル昴2個地方乘坐

餐廳、旅館、伴手禮店等聚集，是十津川村最熱鬧的地方

連接高野山與熊野本宮大社的參拜道路全長72km，山路險峻。

精選推薦景點

沿著稜線穿過民家庭院，名列世界遺產的參拜道路

果無聚落　はてなしゅうらく

從谷瀨吊橋開車約1小時

為世界遺產的熊野參詣道、小邊路從民家的庭院穿過。聚落的房屋及農田依陡峭的斜坡而建，景色充滿了懷舊氣氛。

散發神秘氣息的山頂神社無比莊嚴

玉置神社　たまきじんじゃ

從谷瀨吊橋開車約1小時45分

大峰連山的修行道場之一，是熊野三山的奧宮，平安時代曾是香火鼎盛的靈場。神社內生長著神代杉等巨木。

52

在蔚藍璀璨海洋的陪伴下
駛過畫出美麗弧線的大橋

山口

つのしまおおはし
角島大橋

所在地

跨越本州透明度數一數二的海洋
壯闊的橋梁之美讓人出神

　　角島大橋連接了日本海上的角島與本州，於2000（平成12）年通車，全長1780m，不收通行費。其俐落的造型，以及與碧藍大海形成的對比令人印象深刻，也是著名的電影、廣告外景地。除了白天的風景外，夕陽映照下的姿態及夜景也美不勝收。從各種角度欣賞了角島大橋後，再開車上去暢快地兜風吧。

如何取得最新資訊

豐北町觀光協會 📞083-786-0234　🏢山口縣下關市豐北町神田上314-1（公路休息站 北浦街道豐北）

大海在夏天更顯美麗

季節／時間

1	2	3	4	5	6	7	8	9	10	11	12

角島大橋一年四季景觀皆美，不過最棒的還是海水閃耀著翡翠綠光芒的夏天。也可以前往角島的海邊戲水等。到了夜晚橋上的路燈亮起時，又會呈現出另一番風貌。

拍照地點要特別注意！

貼心叮嚀

橋的中途雖然設有停車處，但這是緊急時的停車空間，不能為了拍照而停車在此。若想欣賞橋的全景、拍照的話，可以前往上橋前的海士瀨公園展望台，或一到角島後，馬上可到的瀨崎陽之公園。旅遊旺季時，前往大橋的縣道及島上都會塞車，建議多預留一些時間。

在上橋前的展望台眺望的全景。角島大橋會隨天候、時間、觀看的角度展現不同面貌，令人著迷

 開車奔馳於閃亮的海面上 交通

■ 從美祢IC或小月IC開車至角島大橋約1小時

也可以從滝部站（或特牛站）搭巴士前來，不過班次不多。若要租車自駕，在山陽新幹線的新下關站或山陽本線的下關站租比較方便。

享受來自日本海的恩惠 行程範例

上午 第1天
租車後往角島前進
在新下關站租車後便驅車北上，行駛約1小時可到達角島大橋。過橋前先上展望台眺望風景。

下午 第1天
欣賞角島大橋豐富多變的樣貌、享受島上悠閒時光
前往角島，飽覽島上風光。走訪しおかぜコバルト海灘、角島燈塔、しおかぜの里角島等處後，悠閒地看看角島大橋的夕陽與夜景。住宿於附近的飯店。

上午 第2天
順道造訪縣內其他名勝
上午再度前往展望台。海水在這個時間更加耀眼，很適合拍照。接著南下前往下關的關門海峽，去萩或是秋芳洞也不錯（皆距離角島約1小時30分車程）。

下午 第2天
關門海峽附近是新鮮海產的寶庫
於唐戶市場盡情品嘗海鮮，還可以搭乘巖流島遊船等。

53

一生只會遇見一次的絕景
每次造訪皆呈現不同面貌的「夢幻之橋」

タウシュベツきょうりょう

北海道

TAUSYUBETSU橋

位於上士幌町的糠平湖上
全長130m的混凝土製拱橋

　　TAUSYUBETSU橋原為舊國鐵士幌線的鐵道橋，在1955功成身退。因發電用水壩的興建，水壩湖的糠平湖一帶沉到了水下，火車的行駛路線也隨之改變。橋上的鐵軌雖然已經拆除，但橋本身仍留在湖中。糠平湖的水位會隨所在位置、季節及放水狀況等而變，因此TAUSYUBETSU橋也就時而現身、時而消失，獲得了「夢幻之橋」的稱號。

ⓘ 如何取得最新資訊

上士幌町觀光協會 ☎01564-4-2224　📍北海道河東郡
上士幌町ぬかびら源泉郷48-2（ひがし大雪自然館）

水位會因季節而變　　季節／時間

1	2	3	4	5	6	7	8	9	10	11	12

5～6月前後可以看到橋倒映在湖面的景色。之後，水位會漸漸開始上升，約10～12月時幾乎整座橋都會沒入水中。然後到了3月左右會從冬天凍結的湖面破冰而出，再度現身。但以上這些時間經常年年不同。

想近距離看的話就參加旅行團　　貼心叮嚀

通往橋梁的林道除了有許可的車輛外，禁止通行，因此如果想近距離觀看，不妨參加糠平源泉鄉出發的旅行團。參加需要預約，有走訪舊國鐵士幌線拱橋的行程，以及橫越結冰的糠平湖的冬季限定行程等。
ひがし大雪自然遊覽中心
☎01564-4-2261　URL www.guidecentre.jp

混凝土製拱橋倒映在平靜湖面上的景象美極了。這樣的景色讓大家將TAUSYUBETSU橋暱稱為「眼鏡橋」

🚗 想前往展望台得租車自駕　　交通

TAUSYUBETSU橋

北海道

糠平湖

糠平源泉鄉
ナイタイ高原牧場●

道東自動車道

🚌 搭十勝巴士約1小時40分

帶廣站

十勝帶廣機場

0　　20km

從十勝帶廣機場開車至糠平源泉鄉約1小時30分

從帶廣站搭乘十勝巴士至糠平源泉鄉約1小時40分

若想要前往距離橋梁約750m、位於糠平湖對岸的展望台必須開車才到得了。如果要去的話，建議先在帶廣租車。另外，十勝巴士的班次很少，最好事先確認好時刻表。

🚗 開車約1小時30分

✏️ 欣賞壯闊美景、享受溫泉　　行程範例

第1天

上午　先前往糠平源泉鄉
從帶廣站開車前往糠平源泉鄉。源泉鄉內及其周邊沒有加油站，請多加注意。

下午　跟隨旅行團參觀TAUSYUBETSU橋
將行李寄放在前晚住宿的旅館，然後前往旅行團的集合地一糠平溫泉文化ホール。旅行團會走訪包括TAUSYUBETSU橋在內的舊國鐵士幌線的拱橋，還會有導遊解說。行程結束後就泡泡溫泉，好好放鬆一下吧。

第2天

上午　造訪面積居全日本之冠的ナイタイ高原牧場
驅車前往面積有358個東京巨蛋大的ナイタイ高原牧場。位於標高800m處的休息區可以買到當地特產，也可以在此用餐，還吃得到濃郁的霜淇淋。

54

在彷彿要被吸入的
蔚藍海洋上快意奔馳

こうりおおはし

古宇利大橋

沖繩

所在地

也可以在上橋前將車停好，步行
走上橋。別忘了從橋上看看正下
方清澈透明的海水

朝著離島筆直延伸
全長約2km的絕景兜風路線

古宇利大橋為連接靠近沖繩本島的屋我地島，以
及位在其外海的古宇利島之間的橋梁，2005（平
成17）年起通車。橋全長1960m，驅車行駛於橋
上十分舒爽愜意。橋的兩側放眼望去盡是蔚藍澄澈
的海洋，美麗的景色難以用言語形容。前往古宇利
島的路上，還能看到海水由鈷藍色轉變為翡翠綠的
色彩變化。

如何取得最新資訊

今歸仁村觀光協會　📞0980-56-1057
今歸仁村經濟課商工觀光係　📞0980-56-2256（內線206）

 挑選海面平靜的晴天造訪　季節／時間

1	2	3	4	5	6	7	8	9	10	11	12

從古宇利大橋上眺望的海景一年四季皆美，不過颱風過後或冬
天風大時會導致海象不佳，影響到視野。在天氣晴朗、風平浪
靜時，太陽位於正上方的白天過橋是最好的。而且如果適逢滿
潮的話，景色會更加優美。

想拍照的話就趁上橋前　貼心叮嚀

攝影景點是在屋我地島這一端上橋
前的地方，此處有停車空間，可以
拍到以橋和海為背景的照片。另
外，過了橋後的沖繩原始風貌，是
個讓人感到舒適的地方。不妨玩玩
水，或悠閒地在島上逛逛吧。

在機場租車是最便捷的方式　交通

古宇利大橋

從那霸機場開車至古宇利大橋約1小時30分

若要以租車自駕以外的方式前往，首先要從那霸機場搭乘那霸空港線利木津巴士至今歸仁村公所。然後再搭乘計程車約10分行經屋我地島前往古宇利大橋。

🚗 開車約1小時30分

來一趟今歸仁地區的兜風之旅　行程範例

第1天

上午
從機場開車前往古宇利大橋
在那霸機場租好車後便驅車北上，前往古宇利大橋。

在橋上欣賞絕景後漫步古宇利島
在上橋前停車拍照留念，然後邊開車邊欣賞眼下開闊的絕景。到達古宇利島後，先在島上的餐廳吃午餐。

下午
7～8月來的話可以吃到濃郁的海膽蓋飯。之後則逛逛島上，或在海灘享受悠閒的時光，晚上於民宿過夜。

第2天

上午
回到本島，造訪今歸仁城遺址
回到本島後要前往的是世界遺產—今歸仁城遺址。在這裡可以參觀琉球王國建立之前，島上三大勢力之一的北山王的居城遺址。

下午
參觀附近的人氣景點—沖繩美麗海水族館
在美麗海水族館好好感受沖繩海洋的魅力。

55

隱身於茂密原生林深處，
綻放藍色光芒的的神秘水池

じゅうにこのあおいけ　　　　　　　　　　青森

十二湖的青池

所在地

倒映著和煦陽光與綠葉的水面是一
整片夢幻的藍色。凝視著這神奇光
景，整個人也彷彿要被吸進去般

1 白神之森 遊山道的欅樹林。可以在蒼鬱茂密的原生林中來趟健行
2 閃爍著碧綠色光芒的沸壺之池透明度不輸青池
3 雞頭場之池的名稱是因形狀類似雞冠而來。清澈的池水有如光滑的鏡子，周圍滿是欅樹及水楢樹

未經開發的原始自然環境
打造出洗滌心靈的藍色世界

　　橫跨秋田縣西北部與青森縣西南部的白神山地有日本最大的欅樹原生林，其中一部分還在1993（平成5）年登錄成為世界遺產，核心地區則因自然保育的關係而有入山管制。

　　十二湖是白神山地西北角的33座大小湖沼之總稱，每一座湖泊、水池都以清澈著稱，位在最深處的青池之美景更是扣人心弦。在茂密欅樹林圍繞下閃閃發光的水面，會隨著光線強弱及角度等變化為藍色或鈷藍色。青池的水面為何會呈現藍色，至今仍是未解之謎。或許也正因如此，更加增添了青池的神秘感。

ℹ️ **如何取得最新資訊**

深浦町觀光協會　📞0173-74-3320
十二湖遊客中心　📞0173-77-2138(4～11月)
📍青森縣西津輕郡深浦町松神山國有林內

🍀 在薰風吹拂下享受清新森林浴　季節／時間

1	2	3	4	5	6	7	8	9	10	11	12

白神山地雖然還有些許寒意，但已經能感受到舒適和煦陽光的4月開放入山，而最適合造訪的季節，就是草木披上新綠外衣的5～6月。10月中旬的紅葉時節雖然也很美，但青池可能會被落葉蓋滿。12～3月禁止入山。

👟 可穿著輕裝，不過不要留意腳步　貼心叮嚀

在裝備方面，只要穿著日常衣物及穿得慣的運動鞋就夠了，如果想謹慎點的話可以穿健行鞋。下過雨後許多地方會變得十分泥濘，因此建議準備好雨鞋。夏季則要記得預防蚊蟲叮咬。除了防蟲噴霧外，穿著薄長袖衣物會更保險。該地區內有6處廁所。

絕景達人教你玩

我推薦中午前後造訪青池，是最能欣賞到青池美景的時間。如果想走得悠閒一點，也可以請當地導遊陪同（需預約）。走在步道上時，不妨停下腳步撫摸樹木，或是大口深呼吸，細細感受白神山地的大自然魅力。

齊藤先生(アオーネ白神十二湖)

地圖標註：
- 平沢川
- 可看到棲息於十二湖及其周邊之動植物的資料
- 十二湖遊客中心
- 十二湖庵（茶屋）
- 白神ライン
- 有許多路段沒有柏油路，請小心駕駛
- 越口の池
- 中の池
- 落口の池
- がま池
- 森の物産館 キョロロ
- 由2座水池所構成，可在湖上划船
- 王池東湖
- 王池西湖
- 池水非常清澈
- 沸壺之池
- 奧十二湖駐車場
- 十二湖最大的一座池
- 十二湖荘
- 飼養著熊的餐廳
- H 王池旅館
- 仲道の池
- 日暮の池
- 八光の池
- 雞頭場之池
- 二ツ目の池
- 可以眺望凝灰岩浸蝕所構成的風景名勝——日本キャニオン
- 小夜の池
- 影坂の池
- 櫸樹自然林
- 道芝の池
- ★ 十二湖的青池
- 八景の池
- 石殼の池
- 長池
- 崩山
- 據說是因為這座山崩塌而形成了十二湖
- 日本キャニオン展望所
- 日本キャニオン
- 菅原の池
- 附設餐廳等設施的露營場
- 十二湖リフレッシュ村
- 孑宝の池
- 埋釜の池
- 四五郎の池
- 十二湖站
- アオーネ白神十二湖
- N
- 0 400m

邊眺望山海美景邊一路往北前進　交通

從秋田站搭乘JR奧羽本線至東能代站約1小時 ➡
從東能代站搭乘JR五能線至十二湖站約1小時20分 ➡
從十二湖站搭乘弘南巴士至奧十二湖駐車場約15分

地圖標註：
- 0 20km
- 五所川原站
- 五能線
- 鰺澤站
- 白神之森 遊山道
- 岩木山
- 青森站
- 弘前站
- 弘南巴士 約15分
- 中央弘前站
- 十二湖
- 暗門瀑布
- 青森縣
- 搭JR五能線 約1小時20分
- 白神山地
- 秋田縣
- 奧羽本線
- 搭JR五能線 約1小時20分
- 能代站
- 大館能代機場
- 五能線
- 東能代站
- 奧羽本線
- 搭JR奧羽本線約1小時
- 秋田站

從秋田站搭電車至十二湖站約2小時20分，如果搭乘Resort白神號的話不用轉乘就可以抵達。從十二湖站轉乘巴士約15分，奧十二湖駐車場巴士站步行約10分可到達青池。若是開車前往，從秋田站到奧十二湖停車場要2小時30分。青森站出發的話，搭電車最快約3小時，開車至奧十二湖停車場約3小時15分。

這樣玩更有意思♪

✳ Resort白神號

連接秋田站與青森站的JR五能線觀光列車，從秋田站至十二湖站約2小時。1天有3班列車往返，其中1班行駛於秋田站～弘前站之間（因時期而異，需確認）。可坐在寬敞的座位上好好放鬆，一邊欣賞日本海與白神山地的景色。還有行經絕景景點時會放慢速度、在活動空間則有津輕三味線的現場演奏等各種貼心服務與驚喜。

探訪白神山地壯闊的森林　行程範例

第1天	上午	邊欣賞沿途風光邊往十二湖的入口
		搭乘電車及巴士來到奧十二湖駐車場巴士站，在此下車。於森的物産館 キョロロ小歇片刻後展開健行。
	下午	於健行途中走訪青池等湖沼
		走櫸樹林道到達青池約10分鐘。造訪了青池及周邊景點後，搭乘五能線北上，當晚住宿於鰺澤。
第2天	上午	參加導覽行程邂逅稀有動植物
		從鰺澤站搭乘弘南巴士前往白神之森 遊山道。1天只有1班往返的巴士。建議參加有導遊的旅行團。
	下午	告別白神山地，為旅途畫下句點
		造訪休息處くろもり館，觀看白神山地的相關展示等。然後搭巴士回到楨澤站，再坐電車前往弘前一帶。

精選推薦景點

深入白神山系約52公頃的原生林中

白神之森 遊山道　しらかみのもり ゆうざんどう

> 從鰺澤站搭乘弘南巴士至白神の森 遊山道巴士站約30分

位於鰺澤町黑森地區的健行路線。入山費為成人500日圓，中小學生400日圓，4月下旬～10下旬開放入山。一路上有於櫸樹林中修築的步道及用來聆聽樹木內部聲音的聽診器等，可以完整體驗大自然的魅力。

沿溪流旁的涼爽步道往瀑布前進

暗門の滝　あんもんのたき

> 弘前站搭乘弘南巴士至アクアグリーンビレッジANMON巴士站約1小時30分

這條位於世界遺產的散步路線可在6月下旬～11月第1週前後入山。單程約1小時，能造訪3座瀑布。這裡也以美麗的紅葉景色著稱。

所在地

被楓葉染紅，晚秋的大正池，佇立池中的枯木散發出悲愴哀傷的氣息

	1	
2		3

1 河童橋是上高地代表性的地標。橋上是能讓梓川及穗高連峰一同入鏡的絕佳位置
2 初夏的大正池。無風時可以看見穗高連峰優美的倒影
3 位於田代濕原深處的田代池池水非常淺。四周圍繞著原生林及草原，十分寧靜祥和

雄偉的燒岳及穗高岳倒映於水面
在不同季節及時間展現出豐富樣貌

標高1500m的上高地位在梓川流經的狹長山谷間，這裡不但有梓川的清流、原生林、散布各處的湖沼及濕原，還能遠眺壯觀的穗高連峰。這些大自然的恩惠所交織出的美景每年吸引了超過120萬人的遊客造訪上高地。而與河童橋同為這處度假勝地的代表性景點就是大正池。大正池是1915（大正4）年燒岳大噴發時，因梓川堰塞而形成的，鈷藍色的池水中佇立著過去遭水淹沒的枯木。遠方的燒岳至今仍不時噴出煙霧，增添了神秘氣息。除了紅葉季節詩情畫意的風景外，薄霧繚繞的夏天早晨也美極了。

 開山期間內都很有魅力 季節／時間

1	2	3	4	5	6	7	8	9	10	11	12

5～6月可以看到新綠及山上殘雪構成的美景。高山植物盛開的7～8月、草木紛紛轉紅的9～10月也有許多人前來。每年11月15日的上高地閉山儀式至4月17日的開山儀式期間，所有設施都會歇業，過了釜隧道後也沒有大眾交通工具運行。

賞花時節 山荷葉 5～6月 鵝掌草 5～6月
北萱草 6～7月 野紺菊 8～9月

 記得遵守5項規定 貼心叮嚀

請遵守不要摘採捕捉植物及昆蟲、不要餵食動物、不要攜帶寵物、不要丟棄垃圾、勿行走步道以外的地方等5項官方規定。回程時從上高地前往新島々的路線巴士必須事先領取號碼牌，建議早點去拿。

絕景達人教你玩

在無風的早晨，燒岳倒映於大正池的景色非常美麗。某些季節時清晨會起薄霧，感覺十分夢幻。大家不妨在上高地住一晚，欣賞早晨的特殊美景。上高地比平地要冷，建議出發前先確認一下這裡的氣溫喔。

山部小姐（上高地ナショナルパークガイド）

ℹ 如何取得最新資訊

松本市山岳觀光課 ☎ 0263-94-2307
上高地服務中心 ☎ 0263-95-2433（僅4月中旬～11月15日開館）址 上高地バスターミナル旁

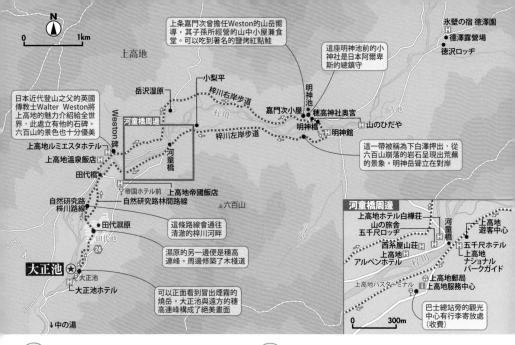

上高地

N

0　1km

日本近代登山之父的英國傳教士Walter Weston將上高地的魅力介紹給全世界，此處立有他的石碑。六百山的景色也十分優美

上條嘉門次曾擔任Weston的山岳嚮導，其子系所經營的山中小屋兼食堂。可以吃到著名的鹽烤紅點鮭

這座明神池前的小神社是日本阿爾卑斯的總鎮守

氷壁の宿 德澤園
德澤露營場
德沢ロッヂ

小梨平

岳沢湿原

梓川右岸步道

明神池

Weston碑

河童橋周邊

嘉門次小屋

穂高神社奧宮

山のひだや

明神橋

明神

梓川

梓川左岸步道

明神館

上高地ルミエスタホテル

上高地溫泉飯店

田代橋

自然研究路
梓川路線

帝国ホテル前

自然研究路林間路線

上高地帝國飯店

▲六百山

這條路線會通往清澈的梓川河畔

河童橋

這一帶被稱為下白澤押出，從六百山崩落的岩石呈現出荒蕪的景象。明神岳聳立在對岸

河童橋周邊

上高地ホテル白樺荘
山の旅舍
五千尺ロッヂ

河童橋

上高地遊客中心

五千尺ホテル

西糸屋山荘

上高地ナショナルパークガイド

上高地アルペンホテル

梓川

田代池

田代濕原

湿原的另一邊便是穂高連峰。周邊修築了木棧道

大正池 ★

大正池

大正池ホテル

↓中の湯

可以正面看到冒出煙霧的燒岳。大正池與遠方的穂高連峰構成了絕美畫面

上高地バスターミナル

上高地郵局
上高地服務中心

巴士總站旁的觀光中心內有行李寄放處（收費）

0　300m

注意私人車輛管制　交通

從松本站搭乘ALPICO交通上高地線至新島々站約30分 ➡
從新島々站搭乘ALPICO交通巴士至大正池約1小時
從高山站搭乘濃飛巴士至平湯約1小時 ➡
從平湯搭乘濃飛巴士至大正池約20分

0　10km

岐阜縣　穂高岳△　△常念岳

長野縣

安曇野IC

長野自動車道

中央本線

松本站

松本IC

あかんだな停車場

上高地

搭ALPICO交通
上高地線30分

高山站

搭濃飛巴士
約20分

中の湯

大正池

平湯

471

澤渡停車場

白骨温泉

新島々站

ALPICO交通巴士
約1小時

信州
松本機場

158

松本電鉄

若是自行開車，從松本方向來過了澤渡停車場、從高山方向來過了あかんだな停車場後有自駕車輛管制，要轉乘巴士或計程車。回程的巴士經常在途中的大正池之後就會客滿無法搭乘，因此在上高地バスターミナル搭車比較保險。也有從大阪、名古屋、東京、長野站發車的直達巴士。

這樣玩更有意思♪

🍴 **飯店午餐**

在優雅的度假飯店恢意地享用午餐也是不錯的選擇。令人嚮往的高級度假地—上高地帝國飯店有日式、西式餐廳，能吃到以自家的信州土雞蛋製作的蛋包飯，以及蕎麥涼麵等餐點。

自在漫步於穂高岳的絕景中　行程範例

第1天

上午　**抵達後先到飯店來頓優雅的午餐**
從松本站轉乘電車及巴士後來到上高地。將行李寄放在河童橋附近的下榻處，前往雅緻的飯店享用午餐。

下午　**明神池的神秘風景令人沉醉**
在河童橋上飽覽梓川與穂高連峰的景色後，步行至明神橋。沿著梓川右岸的步道前進，行經岳澤濕原及樹林的步道後，在嘉門次小屋品嘗鹽烤紅點鮭，小歇片刻。欣賞了能量景點明神池的景色後，走過明神橋返回河童橋，下榻的飯店。

第2天

上午　**薄霧包圍的大正池讓人忘了時間的流逝**
清晨便出發前往大正池，觀賞薄霧繚繞的景象。去程走梓川左岸步道，回程則順道造訪田代濕原、Weston碑等景點，然後回到河童橋。也可以在途中經過的上高地溫泉飯店泡泡溫泉或足湯。

下午　**順便去附近的觀光地走走**
在飯店或巴士總站買好伴手禮後回到松本。有時間的話就逛逛松本市區，或前往安曇野吧。

精選推薦景點 ||||||||||||||||||||||||||||||||||| 👟

在舒暢的草原上深呼吸

德澤　とくさわ

從上高地バスターミナル站步行約2小時

可眺望穂高岳景色，以前是牧場。曾出現在井上靖的小說《冰壁》中登場的氷壁の宿 德澤園以及露營場也在這裡。

🛏 **住宿情報** 有摩登的飯店到山中小屋等各類型住宿設施約15間，多在河童橋附近。澤渡附近的白骨溫泉也有旅館。　上高地的大正池　**185**

57 無數綠樹環繞的廣闊湖泊
壯闊優美的景色令人屏息

とわだこ

青森／秋田

十和田湖

從瞰湖台眺望秋季的十和田湖，
外輪山的群樹紛紛染紅，與藍色
的湖面相映成趣

1 奧入瀬溪流的「阿修羅之流」。水流於爬滿了青苔的岩石間激盪的景色令人印象深刻
2 倒映於湖面的鮮紅夕陽。十和田湖也以落日美景著稱
3 新綠時節的十和田湖。觀看蒼翠綠意圍繞的湖面讓人感到神清氣爽

| | 1 | |
| 2 | 3 | |

不論是湛藍湖水或周遭自然景緻都充滿了觸動心弦之美

　　十和田湖位於青森縣與秋田縣交界處，是廣達46km的巨大火山臼湖。水量豐沛，水深最深處約327m，為全日本第三。湖水呈現神秘的深藍色，平靜的水面也宛如光滑的鏡子。倒映著周圍群山及天空的十和田湖會隨著季節及時間展現出不同面貌，讓造訪此處的遊客深深為之著迷。搭乘遊覽船或登上展望台都是觀景的好選擇，可以感受涼風舒暢的吹拂，並十和田湖及周圍的絕景。從十和田湖流出的奧入瀬川在森林中蜿蜒約14km的一段稱作奧入瀬溪流，也是不可錯過的景點。這一帶建有步道，可以一邊散步一邊欣賞沿途的瀑布及清流。

ℹ 如何取得最新資訊

十和田湖國立公園協會綜合服務處 ☎0176-75-2425
十和田遊客中心 ☎0176-75-1015
🏠 青森縣十和田市奧瀬十和田湖畔休屋486
十和田湖觀光交流中心ぷらっと ☎0176-75-1531
🏠 青森縣十和田市奧瀬十和田湖畔休屋486

🍀 新綠時節到秋天都適合來　　季節／時間

1	2	3	4	5	6	7	8	9	10	11	12

新綠時節與夏天是造訪十和田湖的最佳時機，湖水在綠意襯托下更顯美麗，這個時候也很適合前往奧入瀬溪流。森林中滿是草木的氣息，讓人不禁想深呼吸。10月中旬～下旬的紅葉季節來臨時，湖周邊的樹木會換上不同顏色的外衣，同樣十分美麗。冬天時巴士和遊覽船會停駛，不過每年2月都會舉辦雪祭，為十和田湖冬季的一大盛事，能看到煙火及雪屋。

👣 湖周圍有數座展望台　　貼心叮嚀

許多地方都有能觀賞十和田湖的展望台（瞰湖台、発荷峠、甲岳台、紫明亭、滝ノ沢、御鼻部山等），其中能從最高處俯瞰湖面的是御鼻部山。另外，從瞰湖台則能望見十和田湖當中水深最深的中湖。

絕景達人教你玩

十和田湖的湖畔也很適合兜風，最推薦的是走訪湖周邊各展望所的路線。前來十和田湖畔及奧入瀬溪流時請注意穿著，由於早晚會有溫差，因此建議準備容易穿脫的禦寒衣物。

十和田湖國立公園協會綜合服務處的工作人員

巨木支撐起巨岩所形成的岩屋。旁邊為石ケ戶休息站，有廁所及停車場

焼山～子ノ口距離約14km，要步行4～5小時

溪水奔流於樹木間之景象十分著名，也常會在海報等看到

高約7m，寬約20m，為奧入瀨溪主流最大的瀑布

十和田湖的湖水從這裡流入奧入瀨溪流。有可以調整水量的水門

十和田湖水深最深的地點，湖面為特別深的深藍色

中湖的遊覽船路線，起點終點皆為休屋

高村光太郎製作的著名銅像

穿過森林間，讓人神清氣爽的兜風路線

航行於休屋與子ノ口間的遊覽船路線

有十和田湖з總站及遊覽船搭乘處。也是住宿設施、餐廳集中的地區

青森縣

十和田湖

秋田縣

基本上為搭巴士或開車前來　　交通

■ 從青森站搭乘 JR 巴士みずうみ號至十和田湖站約3小時
■ 從八戶站搭乘 JR 巴士おいらせ號至十和田湖站約2小時15分

みずうみ號1天有3～4班，おいらせ號1天則有2～3班，冬季停駛。另外，也可以從七戶十和田站搭乘巴士前來（於燒山轉車）。開車的話，距離小坂IC約50分，下田百石IC約1小時10分車程。

這樣玩更有意思♪

✳ 十和田湖遊覽船

走訪排列於中山半島尖端的2株「見返松」、高度達220m的斷崖絕壁「千丈幕」、紅色岩層別具特色的「五色岩」等有看頭的地方，能從有別於展望台的角度欣賞絕景。遊覽船有行駛於休屋與子ノ口間的路線，以及起終點都在休屋的路線，航行時刻隨時期而異（冬季停航）。

飽覽十和田湖與奧入瀨景色　　行程範例

	上午	從八戶站搭巴士前往十和田湖 抵達八戶站後搭乘中午過後的巴士往十和田湖前進。
第1天	下午	透過遊覽船等方式欣賞湖畔風光 下午3時左右到達十和田湖畔的休屋。搭乘遊覽船從湖上欣賞湖景後，在周邊散步，走訪十和田神社、少女之像等。當晚住宿於湖畔的溫泉旅館。
	上午	搭乘巴士從十和田湖前往奧入瀨溪流 坐上巴士往奧入瀨溪流的玄關—燒山前進。將行李寄放於投幣式寄物櫃後，展開溪流散步。
第2天	下午	回到燒山後泡湯放鬆一下 沿着溪流步行約4～5小時來到子ノ口，然後搭巴士返回燒山，在周邊的溫泉旅館泡個湯消除一下疲勞吧。

精選推薦景點 ‖‖‖‖‖‖‖‖‖‖‖‖‖‖‖‖‖‖‖‖‖‖‖‖

沿途亮點不斷的溪流散步

奧入瀨溪流　　おいらせけいりゅう

從十和田湖開車至燒山約40分

奧入瀨溪流是被指定成國家天然紀念物的美麗溪流。走在散步路線上，沿途可以欣賞溪流樣貌的變化之姿。特別是還能在阿修羅之流、銚子大瀑布近距離觀看震撼力十足的水流，非常適合拍照留念。

🏠 住宿情報　十和田湖畔的休屋有幾間溫泉旅館，散步也很方便。奧入瀨溪流的燒山也有住宿設施。

58

造訪雲霧繚繞的神秘湖泊
邂逅奇蹟的摩周藍

ましゅうこ　　　　　　　　　　北海道

摩周湖

所在地

黎明時分的摩周湖。被旭日染
成火紅的天空倒映在湖面上

1 從第三展望台眺望的摩周湖景色。平靜澄澈的湖面像鏡子般倒映著雲朵及周圍群山
2 蓋滿湖面的雲海染上了朝霞的色彩，同時不斷地翻騰變化姿態
3 廣闊的屈斜路湖與周圍的樹木形成美麗對比

| | 1 | |
| 2 | | 3 |

登上難以親近的斷崖絕壁
造訪傳說中的神之湖

　　摩周湖是約7000萬年前的大規模噴發所形成的火山臼湖，水深211m，四周圍繞著高300～400m的險峻絕壁。由於時常有來自周邊群山的霧氣覆蓋湖面，因而有「霧之摩周湖」的別名，稱作摩周藍的深藍色湖水其透明度則是全世界數一數二。在容易起霧的夏天，還有機會連同日出一起看到夢幻而又壯觀的雲海。

　　冬天氣溫降至零下15℃以下時，偶爾還會出現名為太陽柱的自然現象。太陽反射於空氣中的鑽石塵，散發著柱狀光芒，閃閃發亮的晶瑩顆粒真是美極了。

✿ 夏季尾聲至秋天是最佳時機　　季節／時間

1	2	3	4	5	6	7	8	9	10	11	12

6～7月是摩周湖起霧的高峰期，1個月大約有一半的日子整天都被霧氣籠罩，不常看到湖面。7～9月的平均氣溫約20℃上下，是最舒適宜人的季節。7～8月來摩周岳健行還可以欣賞高山植物。11～4月上旬的冬季期間，摩周湖第三展望台與裏摩周展望台會關閉，不過有結冰的湖面及美麗的星空可欣賞。早晨的賞樹冰旅行團及雪鞋健行等冬季才體驗得到的行程也別具魅力。

注意濃霧、氣溫變化　　貼心叮嚀

起濃霧時，能見度可能會差到連幾公尺外都看不見。另外，即使在夏天，早晚也有可能偏冷，請留意穿著。標高較低的裏摩周展望台看見湖面的機率比較高。

絕景達人教你玩

6～10月這段期間早晨的雲海美極了！歡迎大家來親身體驗自然的壯麗景色。除了從湖周邊的展望台及山隘眺望絕景外，在釧路川清澈的源流上來趟獨木舟之旅也不錯喔。就讓溫泉及森林浴為你洗去平日累積的疲憊吧。

平塚先生（摩周湖觀光協會／NORTH EAST CANOE CENTER負責人）

ⓘ 如何取得最新資訊

摩周湖觀光協會　☎015-482-2200
公路休息站 摩周溫泉 觀光服務處
☎015-482-2500　🏠北海道川上郡弟子屈町湯の島3-5-5

藻琴山

ハイランド小清水725

知床斜里站

釧網本線

釧路川

N

0　　　　　　　5km

美幌站

243

藻琴山展望駐車公園

102

能看到屈斜路湖、知床連山、鄂霍次克海、觀賞300度大全景的休息區

挖開屈斜路湖畔的沙灘，就有溫泉湧出，可以自由打造一座露天浴池來享受

美幌峠

仁伏溫泉

391

アメマス川

1115

從展望台可以一覽屈斜路湖及摩周岳、斜里岳

中島

川湯溫泉

神之子池

可以近距離看到無數噴氣孔的活火山。6月的蝦夷磯躑躅大群落十分壯觀

觀光客較其他2座展望台少，可以靜下心來好好賞景

屈斜路湖

砂湯

52

位在湯川旁，飄散著硫磺味的溫泉街

川湯溫泉站

清里峠

裏摩周展望台

池の湯

硫磺山

正面就能看到摩周岳及カムイシュ島

摩周湖

カムイシュ島

弟子屈町

和琴半島

摩周湖第三展望台

摩周湖レストハウス

摩周岳（カムイヌプリ）

津別峠展望施設

摩周湖第一展望台

三角山

有販賣裝了摩周湖霧氣的罐頭等有趣伴手禮。摩周藍霜淇淋也很有人氣

最有人氣的展望台，能以最佳角度觀賞摩周與周圍群山

コタン溫泉

アイヌ民俗資料館

美留和站

能欣賞腳下寬闊的屈斜路湖及山巒連綿的壯麗景色。雲海與日出美不勝收

岩田主山

243

52

摩周站

🚗 周遊摩周湖的觀光巴士也很便利　交通

■ 從丹頂釧路機場開車至摩周湖約1小時30分
■ 從釧路站搭乘JR釧網本線至摩周湖站約1小時20分 ➡
■ 從摩周站搭乘阿寒巴士至摩周湖約25分

火車及巴士的班次都不多，請多加注意。摩周湖出發的路線巴士在4月下旬～7月會行駛至摩周湖第一展望台。8月～10月下旬則會行駛至更遠的摩周湖第三展望台。由於沒有開往裏摩周展望台的巴士，建議搭乘計程車。各展望台都有停車場。

243

摩周湖

中標津機場

北海道

屈斜路湖

阿寒湖

摩周站

搭阿寒巴士約25分

開車約1小時30分

391

272

274

搭JR釧網本線約1小時20分

丹頂釧路機場

根室本線

帶廣站

釧路站

0　　　　25km

這樣玩更有意思♪

❋ **享受免費露天溫泉**
屈斜路湖的周邊分布著「コタンの湯」、「砂湯」等好幾座露天溫泉，可以免費使用。

❋ **獨木舟之旅**
划著小艇造訪屈斜路湖及釧路川源流，是能夠近距離接觸大自然的人氣活動。

🍈 **摩周哈密瓜**
高糖度、甜味高雅，由於只有當地買得到，因此被稱作夢幻哈密瓜。

✏ 走訪湖周邊的展望台及溫泉　行程範例

第1天

上午　**馳騁於山路，抵達摩周第一展望台**
首先前往觀光客最喜愛的展望台，天氣好的話還能同時看到摩周岳、斜里岳等周邊的群山。

下午　**欣賞摩周湖在白天、傍晚、夜間展現的多種面貌**
在休息區小歇片刻，再登上摩周湖第三展望台與裏摩周展望台，可以分別從不同角度觀賞景緻。順道造訪神之子池，然後前往今日在川湯溫泉要下榻的旅館。晚上可以參加摩周湖的夜間旅行團，欣賞滿天星斗的夜空。

第2天

上午　**在屈斜路湖周邊探訪火山＆享受露天溫泉**
漫步於不時冒出煙霧的硫磺山，並在屈斜路湖畔泡湯。

下午　**周遊眺望屈斜路湖景色的展望點**
想將整座湖盡收眼底的話就前往美幌峠。另外也還有幾處展望設施，可以一面兜風順便一一造訪。

精選推薦景點 ||||||||||||||||| 👟

閃耀鈷藍色光芒的日本最大火山口湖

屈斜路湖　くっしゃろこ

從川湯溫泉站開車約10分

被原生林環繞，周長達57km的大湖泊。也有許多人來此露營或從事水上運動等。

摩周湖(神之池)的地下水湧出形成的湛藍水池

神之子池　かみのこいけ

摩周湖開車約20分

池水清澈到甚至能清楚看見池底的小池塘。倒臥池中卻未曾腐敗的枯木增添了幾分神秘色彩。

五色沼正如其名，有一座座呈現出
不同色彩的沼澤。途中不妨多停下
腳步，細細觀賞其色彩變化

眾多特色各異的湖泊與沼澤 在靜謐的森林中一一現身

　　位於磐梯山北側，稱作裏磐梯的區域有多達300座的大小湖泊。因1888年磐梯山噴發而形成的五色沼，便是這其中約30座湖沼的總稱。在這裡可以看到閃爍藍白色光芒、帶有神祕氣息的青沼，以及被周圍植物染成紅褐色的赤沼、水面會隨地點及日照浮現3種顏色的みどろ沼、外觀為美麗鈷藍色的毘沙門沼等，各式各樣因湖底顏色及水質而呈現不同色彩的沼澤。五色沼探勝路則將一座座沼澤串連了起來，讓遊客自在悠閒地穿梭各景點。這裡的景觀會隨著季節及天氣展現不同風貌，值得一來再來。

如何取得最新資訊

裏磐梯觀光協會　☎0241-32-2349
裏磐梯遊客中心　☎0241-32-2850
🏠 福島縣耶麻郡北塩原村桧原剣ケ峯1093-697

🍀 繽紛絢爛的秋天是最美的時候　季節／時間

1	2	3	4	5	6	7	8	9	10	11	12

不論滿是新綠氣息的5～6月、涼爽宜人的7～8月，或是白雪皚皚的12～3月造訪五色沼都很棒，不過9～11月的紅葉季節最值得推薦，水面與周圍樹木形成的對比美不勝收。冬天必須穿著雪鞋，建議參加有導遊帶隊的旅行團。

賞花時節 日本櫻草 4～6月　三葉海棠 4～6月
一枝黃花 8～10月　野紺菊 8～11月

👟 自在漫步於五色沼探勝路　貼心叮嚀

穿梭在五色沼的探勝路單程約3.6km，所需時間約1小時。雖然上下起伏不多，十分好走，不過途中還是有岩石及狹窄處，行走時請多加留意。

絕景達人教你玩

探勝路有蜜蜂、蛇、漆樹等許多危險的動植物，最好選擇長袖、長褲。另外，有些地方較為泥濘，穿著高防水性的鞋子會比較保險。探訪大自然的旅行如果有在地導遊陪同的話，可以玩得更加盡興。

鷲尾先生(裏磐梯遊客中心)

介紹磐梯山噴發情景及火山的原理等知識的博物館。以大型模型重現噴發的展示方式很有震撼力

磐梯山噴火紀念館

磐梯山3Dワールド

裏磐梯五色沼湖沼探勝路線

裏磐梯五色沼ホテル

裏磐梯国民宿舎 H

リゾートインみちのく H

草木茂密，只能看見沼澤的一部分。附近有長凳，可以稍作休息

包括五色沼在內，以淺顯易懂的方式介紹裏磐梯朝日國家公園。行前可以先過來看看

フレーザーホテル

五色沼入口

裏磐梯ロイヤルホテル

竜沼

みどろ沼

裏磐梯ユースホステル

赤沼

五色沼探勝路

緊鄰柳沼的休息站。販賣輕食及伴手禮

遠藤現夢的墓

五色沼

毘沙門沼

商店、餐廳

諸橋近代美術館

位於探勝路西端，紅葉季節時尤其美麗

柳沼

青沼

弁天沼

裏磐梯物産館

可以望見弁天沼後方的吾妻山系

除了能買到裏磐梯的伴手禮，獨家霜淇淋也很有人氣

裏磐梯高原駅

るり沼

展望台

水色會隨時間及觀賞位置而有不同

遊覽船搭乘處

檜原湖

磐梯山黃金線

0 400m

探勝路有東西2處入口 <small>交通</small>

從郡山站搭乘JR磐越西線至豬苗代站約35分 ➡
從豬苗代站搭乘磐梯東都巴士至五色沼入口約30分

探勝路入口除了東側五色沼入口巴士站外，還有西側的裏磐梯高原駅巴士站。若是自行開車，距離豬苗代磐梯高原IC約25分。可以將車停在東西兩側巴士站附近的停車場，逛完之後再搭巴士回停車場。早上及傍晚巴士班次較少，請多加留意。

這樣玩更有意思♪

✿ 遊覽檜原湖諸島

搭乘遊覽船周遊散布於廣闊的檜原湖上的諸多島嶼，航程約30分。湖上賞景的視野極佳，可看到豐富多樣的景觀。
磐梯觀光船
🚢營業期間內隨時開船 休11月上旬～4月下旬 ¥1100日圓

✿ 會津山鹽拉麵

會津山鹽是使用大鹽裏磐梯溫泉的溫泉水，遵循古法製作而成。使用這款口味溫順的鹽製作的拉麵堪稱極品美味。

循探勝路造訪沿途湖沼 <small>行程範例</small>

第1天 上午 進入探勝路前做好準備工作
搭乘巴士前往五色沼入口。先在遊客中心蒐集資訊，別忘了索取地圖。

下午 走訪一座座充滿特色的湖沼，親近大自然
踏上五色沼探勝路，依序走訪各沼澤，也可以在毘沙門沼划划船。看完五色沼後，再往檜原湖走去，當晚就在附近的高原度假閒店悠閒地過一晚。

第2天 上午 最後一站來到福島縣最具代表性的湖泊
前往磐梯高原最大的豬苗代湖。有時間的話，也可以順便參觀野口英世紀念館等周邊景點。

下午 大啖福島在地美食&採買伴手禮
離開前別忘了品嘗知名美食—會津山鹽拉麵。

精選推薦景點 ||||||||||||||||||||||||||||| 👟

東北地方最寬廣的美麗湖泊

豬苗代湖 いなわしろこ

從五色沼開車約20分

以湖水清澈透明著稱，因此有「天鏡湖」之稱，有遊覽船行駛於湖上。冬天會有許多天鵝飛來。

以北萱草大群落聞名的濕原

雄國沼濕原 おぐにぬましつげん

從五色沼開車約1小時30分

雄國沼濕原位在檜原湖西南方，分布於火山臼湖的周圍。這裡是國家指定天然紀念物，可見約300種濕原植物依季節生長在此。

🏨 **住宿情報** 裏磐梯地區有從度假飯店到歐風民宿、小木屋等各式各樣的住宿設施。

五色沼 **197**

60

豪雪地帶所孕育出的建築之美
三角屋頂完美融入鄉村景色中

しらかわごう
白川鄉

茅草屋頂在美麗的山林之間絲毫不
顯突兀。綠意盎然的農田與合掌造
建築在夏天相映成趣

所在地

先人運用智慧打造出的合掌造建築
今日仍是後世子孫珍藏的遺產

　　位於岐阜縣飛驒地方的白川村荻町聚落是日本數一數二的山岳豪雪地帶。源自江戶時代的合掌造民宅，便是為了因應這嚴苛的環境而誕生。有如將兩手手掌合在一起的陡峭茅草屋頂能夠支撐雪的重量，寬敞的閣樓空間則被利用來養蠶。1935（昭和10）年造訪此地的德國建築學者布魯諾．陶特在其後來的著作《日本之美再發現》中盛讚了合掌造建築，也因此讓這裡廣為全世界所知。除了白川鄉外，只有富山縣五箇山有相同樣式的建築，這兩處皆已登錄為世界遺產。

　　目前白川鄉約60棟的合掌造建築幾乎都是有人居住的民宅，聚落內有餐廳及觀光設施，也可以住宿於合掌造建築的旅館。登上展望台則能看到點綴於農田間的三角形茅草屋頂，交織出優美純樸的日本風景。

ⓘ 如何取得最新資訊

白川村公所 觀光振興課 ☎05769-6-1311
綜合服務處であいの館（白川鄉觀光協會）
☎05769-6-1013　🏠岐阜縣大野郡白川村荻町2495-3

🍀 欣欣向榮的春天與雪景充滿魅力　季節／時間

1	2	3	4	5	6	7	8	9	10	11	12

不論哪個季節造訪白川鄉，都能看到合掌造建築及美麗的風景。新綠時節的5月尤其五彩繽紛。稀有的太田櫻會在5月中旬前後綻放，下旬則會舉辦插秧祭。10月中旬會舉辦濁酒祭，10月下旬～11月中旬還能欣賞紅葉，秋天也充滿迷人風情。1月中旬～2月中旬（僅在特定週末）合掌造聚落的夜間點燈也十分推薦。

賞花時節　花菖蒲 6月上旬～下旬
繡球花 6月下旬～7月中旬　波斯菊 9月中旬～下旬

🚫 請勿打擾居民生活　貼心叮嚀

為了維護合掌村居民的隱私，請勿進入屋內或庭院。由於合掌造建築非常怕火，嚴禁叼菸或隨意丟棄菸頭。白川鄉未設置垃圾桶，垃圾請自行帶回。若要前往可以俯瞰聚落的展望台，搭乘從聚落中心區域出發的接駁巴士（1小時3班）最為方便。

絕景達人教你玩

我最推薦的是下雨天時，晶瑩剔透的雨水從茅草屋頂的一根根蘆葦上滴落的優美景象。另外，承受著厚厚白雪的合掌造切妻屋脊，在清一片的白色世界中，能窺見其凜然穩重的姿態，請務必前來觀賞。

蟻原先生（NPO法人耕雲塾 觀光服務部會長）

1 冬季的某些週末會舉行白川鄉夜間點燈，合掌造建築在雪夜中隱隱浮現
2 屋齡300年的和田家為白川村現存最大的合掌造住宅。已被指定為國家重要文化財
3 看起來像白色窗戶的部分是2～3層的閣樓，過去是作為養蠶用

1 2

1 到了秋天，周圍的山巒會從山頂開始慢慢轉紅。在夕陽照射下，連房子的屋頂也染成了鮮紅色

2 每年5月下旬舉行的插秧祭，會重現往昔的插秧情景

聚落內有自駕車輛管制 交通

■ 從**高山站**搭乘**濃飛巴士**至**白川鄉約50分**

■ 從**金澤站**搭乘**北陸鐵道巴士**至**白川鄉約1小時15分**

名古屋站發車的直達巴士（岐阜巴士）車程約3小時。若是自行開車，則距離白川鄉IC約10分。為維護世界遺產的景觀及確保安全，9～16時之間除了世界遺產地區內的居民外，一律管制車輛進入。汽車請停放在村營的せせらぎ公園停車場等。

這樣玩更有意思♪

濁酒祭

為祈求五穀豐收等，於10月14～19日在白川八幡神社等地進行的祭典。祭典期間會表演獅子舞及舞蹈，神酒則是使用於神社酒窖釀造的濁酒。獻給神社之後，每一位來賓都可以喝到。

濁酒羊羹

以濁酒為意象製造的白川村限定商品。雖然加了清酒，不過並未殘留酒精，因此小朋友也可以吃。還有濁酒煎餅。

細細品味合掌村風情 行程範例

第1天

上午

享用蕎麥麵，休息片刻

從名古屋搭巴士前往白川鄉合掌造聚落。午餐就品嘗使用在地蕎麥粉製作的手擀蕎麥麵等在地美食。

下午

前往俯瞰聚落的展望景點

搭乘接駁巴士前往可將合掌村盡收眼底的城山天守閣展望台。然後參觀江戶時期的合掌造民宅—和田家、品嘗飛驒牛肉包當點心，悠閒地探訪聚落。住宿於合掌造民宿。

第2天

上午

自在漫步於聚落內

前往野外博物館合掌造民家園參觀由他處遷建至此的合掌造建築。世界級畫家—熠仁的美術館等景點也值得一遊。

下午

品嘗白川鄉的在地美味

午餐享用朴葉味噌及飛驒牛すったて鍋等在地美食，順便採買伴手禮。然後搭乘巴士前往高山，逛逛當地老街。

精選推薦景點

重現白川鄉昔日的生活樣貌

野外博物館 合掌造民家園

やがいはくぶつかん がっしょうづくりみんかえん

從白川鄉巴士站步行即到

保存了從白川村各地遷建至此的25棟合掌造住宅。有著廣闊農田，閒適寧靜的園內重現了往日的生活情景，還有可以進行擀蕎麥麵、稻草工藝品製作等體驗的設施（春～秋，需預約）。

精選推薦景點 ‖‖‖‖‖‖‖‖‖‖‖‖‖‖‖‖‖‖‖‖‖‖‖‖

別忘了另一處合掌造聚落

五箇山　ごかやま

> 從白川鄉巴士站搭乘加越能巴士至相倉口巴士站約45分

位於富山縣南砺市，與白川鄉同樣名列世界遺產的合掌造聚落。相倉聚落有20棟，菅沼聚落有9棟合掌造民宅，據說有些屋齡甚至達400年。這個山間聚落還孕育出了「こきりこ」、「五箇山麥屋節」等民謠，以及過去受到加賀藩保護的五箇山和紙等獨特的傳統文化。

造訪老街緬懷城下町時代的榮景

高山三町通　たかやまさんまちどおり

> 從白川鄉巴士站搭乘濃飛巴士至高山濃飛バスセンター(高山站)約50分

高山三町通距離高山站步行約10分鐘的老街，還留著江戶時代商人之都的氣息。路邊的溝渠、民家的外推格子窗讓整條街道充滿情調，還有老字號釀酒工房、零嘴店、茶屋、伴手禮店等各種店鋪聚集在此，好不熱鬧。

「結」的牽絆凝聚全村　以互助合作的精神打造出世界遺產

嚴苛環境所催生出的共同作業制度

　　生活在山間豪雪地帶的白川鄉居民為了在嚴苛的自然環境中生存，從過去以來都憑藉著相互幫忙合作以維持生活。這一種家家戶戶需要大量人力進行的作業，由眾人一同無償協助的制度稱為「結」。除了插秧、割稻、養蠶等生產活動外，還包括白川鄉少不了的合掌造住宅之興建及維護管理。秋季進行的一齊放水也是如此，這是為了避免房屋因火災燒毀，而由居民共同進行的消防演習。

11月上旬進行的一齊放水訓練可說是白川鄉的秋季風情畫

「結」一路守護了合掌村的家家戶戶至今

　　重新鋪設合掌造建築的茅草屋頂是「結」進行的共同勞動中，特別需要大量人手的一項作業。時至今日，白川鄉仍然會每30～40年一次，動員全村進行各家的屋頂鋪設作業。若是沒有結的話，合掌造建築恐怕也難以維持到現在。結同時也提供了居民們溝通交流的機會，傳遞彼此在白川鄉生活的智慧與傳統，讓心與心之間建立起更深刻的連結。

近年來，重新鋪設屋頂的作業也會有村外的志工參加

🏠 住宿情報　白川鄉以荻町為中心約有20間合掌造民宿（原則上禁止吸菸）。村內還有約10間溫泉旅館、民宿。

（地圖）

可俯瞰下方的萩町地區，是拍攝合掌造聚落的絕佳地點

N
0　　　300m

156

ます園 文助

飛騨市

鳩谷　白川橋
八幡神社

360

五箇山

白川鄉IC

白萩橋

城山天守閣展望台

萩町城跡展望台

東海北陸自動車道

萩町橋

可以觀賞到合掌造聚落及周圍山巒，視野極佳

白川鄉の湯
白水園

P

和田家

觀光一般車輛管制區間(9～16時)

屋齡超過160年，以幾近完美的造型著稱的合掌造住宅

白川郷

白山白川鄉白色公路

156

神田家

展望台行シャトルバス乘降處

萩町合掌集落

本覺寺卍

白川街道

合掌造焰仁美術館　P白川鄉

P せせらぎ公園

明善寺鄉土館

保留了合掌造的本堂與庫裡、鐘樓的淨土真宗寺院

綜合服務處であいの館

幸ヱ門

であい橋

野外博物館合掌造民家園

どぶろく祭の館

先來這裡取得聚落的地圖

P

神社前卍

卍 白川八幡神社

位於白川八幡神社內，透過人偶及模型重現秋天的濁酒祭。也可以試喝濁酒

莊川町

十右ヱ門

61

於天將破曉之際造訪標高300m的山丘
觀賞散布於斜坡上的大小梯田

ほしとうげのたなだ

新潟

星峠的梯田

十日町是越光米的產地，同時也是日本數一數二的豪雪地帶。稻田中的水是含有豐富礦物質的融雪水

霧氣瀰漫於杉林與梯田間
朝陽下的水田光彩奪目

　　日本知名的稻米產地新潟縣有為數眾多的梯田，十日町市的松代更在全國名列前茅。其中最令人讚嘆的美景，當屬清晨的陽光融進水田中的「水鏡」。隨著日出湧現的朝霧讓此地充滿了夢幻氣氛。到了夜晚，這裡也不負「星峠」之名，抬頭便可望見無數繁星在夜空中閃爍。星峠的梯田景色還曾出現在大河劇《天地人》的片頭中。

i 如何取得最新資訊

十日市町觀光協會松代事務所 📞025-597-3000
松代站觀光服務處 📞025-597-3442

晚春是觀賞水鏡的最佳時機　　季節／時間

1	2	3	4	5	6	7	8	9	10	11	12

這裡一年四季的景色各不同，不過只有在融雪後至插秧為止的初春以及割完稻的秋天才看得到水鏡，建議在日出前30分鐘到達觀賞地點。星峠在12月前後會開始下雪，整個4月都還有未融的殘雪。由於不會進行除雪，因此車輛在冬季無法進入。

記得拿梯田地圖　　貼心叮嚀

建議在造訪之前先準備好詳細標出了梯田攝影景點的梯田地圖。松代站觀光服務處及網站皆可取得。抵達星峠後，先尋找「星峠の棚田」的招牌。從這裡往上走，到了聚落盡頭處便會逐漸看到梯田。由於這裡都是當地人所生活的私有土地，因此請勿隨意進到田中，或是將車子停在農道上，行為舉止請符合禮節。

所在地

🚗 在靜謐的山路上也看得到梯田　　交通

■ 從六日町IC開車至星峠的梯田約1小時30分

直江津站
信越本線
北陸自動車道
妙高はねうまライン
北越急行
北北線
253
403
★ 星峠的梯田
北陸新幹線
千曲川
坂城線
405
長野縣
0　　15km

越後川口站
儀明的梯田
新潟縣
117
小出站
353 松代站
松代「農舞台」
浦佐站 上越線
十日町站
253 🚗 六日町IC
開車約1小時30分
關越自動車道
上越新幹線
飯山線
清津峽
越後湯澤站

自駕的話，要在六日町IC下關越自動車道，然後行駛國道253
號～403號。若搭乘火車，則從越後湯澤站搭乘JR上越線與北
越急行北北線約1小時，於松代站下車，再搭計程車約20分。

✏️ 早起欣賞梯田排定行程　　行程範例

第1天

上午｜**走訪在地風土與藝術共同打造的松代「農舞台」**
參觀展示了約40件戶外藝術作品的「農舞台」。

下午｜**品嘗片木蕎麥麵，於周邊隨興漫步**
享用製作麵條時加入了布海苔的
知名美食—片木蕎麥麵，然後在
梯田間散步。於松代過夜。早
點就寢並確認日出時刻。若有餘
力，也可以去看看星峠的星空。

第2天

上午｜**欣賞梯田從黑夜到黎明每分每秒不斷變化的景色**
於日出前1小時起床，前往星峠，隨著天色逐漸轉
亮，梯田中的水鏡展現出的漸層之美。接著前往可以
看到美麗朝霧的儀明梯田，或是回去睡個回籠覺。

下午｜**前往日本三大溪谷之一，鬼斧神工的清津峽**
順道造訪以柱狀節理聞名的清津峽。在清津峽溪谷隧
道的觀景處可感受到壯闊的溪谷之美。

🛏️ 住宿情報　松代站周邊有一些住宿設施，但數量不多，建議出發前先訂好。

62

在陡坡上的山間小村
邂逅自然純樸之美

しもぐりのさと　　　　　　　　　　　　長野

下栗之里

地處環境嚴苛的深山之中
有著繩文時代延續至今的足跡

　　南信州遠山鄉為信州三大秘境之一，位於飯田市上村的山間小聚落下栗之里更是以絕景著稱。標高800～1000m，最大斜度38度的陡坡上有著蜿蜒曲折的小路，農田與民家就像是貼在山壁上般。眼下是遠山川，眼前是南阿爾卑斯山的名峰─聖岳，後方一山接著一山。在這雄壯的大自然之中，存在顯得微不足道的人們仍努力在此營生。

如何取得最新資訊

遠山鄉觀光協會　📞0260-34-1071　📍長野県飯田市南信濃和田548-1(情報ステーションアンバマイ館)

在南阿爾卑斯山最美的時節造訪　季節／時間

1	2	3	4	5	6	7	8	9	10	11	12

不論新綠、紅葉，整年都有值得欣賞的山間美景。下栗之里地勢陡峭、道路狹窄，最好避開12月起至早春降雪期，不過也有觀光客特地為了12月13日舉辦的奇特祭典─霜月祭前來。

請勿影響居民生活　　　　貼心叮嚀

這裡並不是觀光景點，而是當地人生活的地方，一舉一動請顧及居民。另外，當地都是狹窄的坡道，並且有許多年長者居住，開車時請放慢速度，也不要停放路肩。可以將下栗之里盡收眼底的天空之里觀景點是這裡居民所打造，能居高臨下欣賞周遭景色，視野極佳。

所在地

陡坡上的聚落約有45戶，100人左右在此生活，周遭景色不負祕境之名

 驅車馳騁於深山之間 　　交通

■ 從飯田IC開車至下栗之里約1小時20分

也可以從飯田站搭乘路線巴士，不過1天只有2～3班，而且還得從上町巴士站搭乘計程車（需預約）移動，自行開車會較為方便。下栗地區禁止全長7m以上車輛通行。

 認識山間生活與文化 　　行程範例

第1天

上午　前往しらびそ高原觀賞美景
從飯田IC前往しらびそ高原，欣賞南阿爾卑斯山景色後前往下栗之里。享用下栗馬鈴薯的味噌田樂燒及鄉村蕎麥麵。

下午　住宿於下栗之里，認識當地生活
在天空之里觀景點飽覽下栗之里的全景，然後入住下栗的民宿。在當地四處逛逛，晚餐時間可邊品嘗山林美味，邊聽民宿業者介紹當地風土民情。

第2天

上午　於天龍峽體驗溪谷之美
離開下栗之里，行駛沿溪谷而建的縣道1號。在天龍峽泛舟、泡溫泉。

下午　走訪伊那谷的景點後踏上歸途
於古剎一元善光寺及主題樂園伊那谷道中かぶちゃん村等景點停留，然後由中央自動車道打道回府。

🏠 **住宿情報** 　下栗地區內僅有1間山莊與2間民宿。南邊的舊宿場町和田宿也有數間住宿設施。

63

佇立在小海灣沿岸的建築
日本海漁業小鎮的雅緻風情

いねのふなや　　　　　　　　　　　　京都

伊根的舟屋

一棟挨著一棟的舟屋像是將棋的棋子般，與海面僅有一線之隔。船庫的地面做了斜坡，方便將船停入

所在地

1 沿著海邊的小路散步，看看當地人的日常生活，也可以從陸地上欣賞舟屋風景
2 秋天可以看到纍纍枝的閑適景象。伊根也是人氣的釣魚勝地
3 白雪將舟屋的屋頂染成銀白色的冬景展現出另一種韻味

	1	
2		**3**

造訪充滿旅行氛圍的舟屋小鎮
重溫令人感覺熟悉的懷舊氣息

　　位於丹後半島東側伊根町是著名的舟屋小鎮。所謂的舟屋指的是1樓為船庫及作業空間，2樓為居住空間的建築，為方便將船駛入，會緊貼著海面而建。位在伊根灣入口的青島形成了天然的防波堤，因此讓這裡的舟屋不用擔心遭海水淹沒。房屋的入口位在背海那一面，門前為居民日常進出的小路，路的另一邊則建有主屋。背山面海而建，一棟棟緊挨在一起的木造懸山頂式2層建築帶有東南亞漁村的風情。其中有的甚至是從舟屋誕生的江戶時代起就一直存在至今。搭乘觀光船從海上欣賞舟屋有如漂浮在海面上的姿態，是最推薦的觀賞方式。屋內燈火倒映在海上的夕陽風景也別有情調。

ⓘ 如何取得最新資訊

伊根町觀光協會 ☎0772-32-0277
📍京都府与謝郡伊根町亀島459（公路休息站 舟屋の里公園）

🍀 欣賞當季美景、吃當令海鮮　　季節／時間

1	2	3	4	5	6	7	8	9	10	11	12

伊根四季各有不同美景：春天有櫻花及杜鵑花、初夏有新綠、夏天有傳統祭典及煙火、秋天有紅葉、冬天有雪景。春到夏間氣候溫暖舒適。這裡夏天有岩牡蠣、冬天有伊根寒鰤魚等各種在伊根港上岸的當令海鮮。夕陽西下時的景色尤其優美。

🚲 騎自行車前往攝影景點　　貼心叮嚀

如果想沿周長約5km的海灣逛一圈的話，租借自行車是最方便的。從西側的伊根灣遊覽船搭乘處騎到東南方的紅燈塔，來回約2小時。位在山丘上的公路休息站 舟屋の里公園，以及伊根漁港西側可將整個海灣盡收眼底。由於周邊為住宅區，請勿大聲喧嘩或進入私人土地等造成居民困擾。

絕景達人教你玩

伊根灣沿岸的舟屋已經被選定為國家重要傳統建造物保存地區了喔。舟屋正面看起來雖然不寬，不過有一定深度，有的舟屋內部還開放參觀呢。公路休息站 舟屋の里公園則有美麗的花卉可欣賞。有機會的話一定要來玩！

ふなやん（伊根町吉祥物）

伊根隧道

経ヶ岬
新井的梯田

N
0 400m

超過250年的老店，酒窖是由女性釀酒人與其丈夫一手打理

這裡可以望見海邊左右的舟屋群

伊根中

平田隧道
舟屋的里公園前

よしむら(食事処)

伊根浦公園(自行車站)

為私人擁有，要先知會過才可參觀(500日圓)

伊根

七面神社

伊根町觀光協會

向井酒造

京都府漁協伊根支所

伊根小

伊根町公所

宮津高伊根分校

八坂神社
正法寺
大乗寺

江戶時代的舟屋

公路休息站 舟屋的里公園

位在可俯瞰伊根灣的山丘上

可參觀漁獲上岸後分級、挑選的情景。新鮮海產可在當地民宿及餐廳吃到

伊根漁港

除了公路休息站外，這裡也可以借自行車

日恩寺

高梨

おちゃやのかか(自行車站)

伊根港

伊根郵局

伊根灣めぐり・日出
伊根遊覽船搭乘處

伊根的舟屋

可以從側面角度拍攝舟屋群的地點

若狹灣

大島隧道

伊根工房

うなぎ

天橋立

阿宇野神社

立石集会所

每年8月20日會舉辦祈求航海安全與豐收的祭典「おべっさん」

おくの

蛭子神社

慈眼寺

曾是NHK晨間劇《ええにょぼ》的外景地

青島

紅燈塔

龜山

龜島

🚗 從宮津站搭乘路線巴士

交通

從西舞鶴站搭乘京都丹後鐵道宮舞線至宮津站約30分
或福知山站搭乘京都丹後鐵道宮福線至宮津站約50分
➡ 從宮津站搭乘丹後海陸交通巴士至伊根約1小時10分

- 搭丹後海陸交通巴士1小時10分
- 伊根
- 若狹灣
- 天橋立
- 178
- 搭京都丹後鐵道宮舞線約30分
- 天橋立站
- 与謝天橋立IC
- 宮津站
- 搭京都丹後鐵道宮福線約50分
- 京都縱貫自動車道
- 西舞鶴站
- 京都府
- 舞鶴線
- 山陰本線
- 福知山站
- 0 15km

若是自行開車，京都縱貫自動車道延伸的宮津與謝道路與謝天橋立IC距離伊根約1小時車程。由於道路較窄，請小心駕駛。宮津站出發的巴士途中會經過天橋立，也可以順道造訪。伊根町有提供免費的自行車租借，可在公路休息站 舟屋の里公園、伊根灣遊覽船搭乘處等4座自行車站借、還車。

這樣玩更有意思♪

❀ 伊根灣遊覽船

航程約25分鐘，會載著遊客繞行伊根灣一圈，從海上欣賞舟屋的風景。每30分鐘一班（旺季為每15分鐘）一班。
🕐 9:00~16:00　無休　💰 680日圓

❀ 海上計程車

可以邊周遊灣內，邊聆聽當地船夫的介紹。人數少也可以搭乘，並在灣內任意地點上、下船。約有5間船公司有6~11人乘坐的船隻，30分鐘1人約1000日圓。

✏ 飽覽充滿情調的海上風景

行程範例

第1天	上午	**首先前往遊覽船搭乘處** 從宮津站搭乘路線巴士前往伊根。午餐在當地食堂享用新鮮海產，然後往伊根灣遊覽船搭乘處前進。
	下午	**從海上及陸上觀賞舟屋** 搭乘約25分鐘的伊根灣遊覽船從海上欣賞舟屋的景色，接著再去借自行車，穿梭於伊根的街道間。別忘了參觀江戶時代的舟屋。當晚住宿在舟屋的民宿。
第2天	上午	**悠閒漫步於別具韻味的街道** 邊散步邊細細品味小鎮風情。有時間的話，還可以到位在山丘上的公路休息站 舟屋的里公園俯瞰伊根灣。購買海鮮製品等伴手禮後搭巴士前往天橋立。
	下午	**造訪另一處絕景** 天橋立為日本三景之一，在有著白砂青松的公園內散步，並從展望所欣賞全景。回到宮津踏上歸途。

精選推薦景點 ||||||||||||||||||||||||||||||||||||||||| 👟

不可錯過的日本三景之一

天橋立　あまのはしだて

從天橋立站步行約5分

天橋立與宮城的松島、廣島的宮島並列為日本三景。此處是海中的砂礫經過漫長歲月堆積而成的沙嘴，帶弧線的優美造型就如同通往天上的橋梁，因此有了天橋立之名。天橋立的沙灘全長3.6km，最窄處僅有約20m寬，遊客可以漫步在生長了約8000株松樹的沙灘上。搭乘單軌電車或登山吊椅上到山上的展望所，能眺望美麗的全景。

64

水田綿延在海濱的山坡上
美麗的綠色階梯層層堆疊

しろよねせんまいだ

石川

白米千枚田

**為了與嚴苛的自然環境共存
先人持續不懈努力所打造出的景色**

　　能登半島北岸與日本海為鄰的山坡上，密布著一千片以上的梯田。這些梯田高度參差不齊、相互交錯，是為了穩定這處有豐富湧水、適合稻作但容易山崩的緩坡。這裡現在從犁田至收割仍然都以人工進行，並採用每一片田都公開徵求持有人的獨特制度等，以維護這不可多得的景觀。

 如何取得最新資訊

輪島市觀光課 📞0768-23-1146
輪島市觀光協會 📞0768-22-6588

 趁稻穗仍然青綠時造訪 　　季節／時間

1	2	3	4	5	6	7	8	9	10	11	12

春天到夏天是最美的時候，夕陽景觀尤其不可錯過。另外，每年11～3月前後有使用LED燈妝點千枚田的夜間霓彩燈飾「畔之光」，5月中旬會插秧，9月下旬則會配合婚禮進行割稻等，有各式各樣的活動。

從公路休息站欣賞梯田 　　貼心叮嚀

若是開車前來，旁邊的公路休息站 千枚田ポケットパーク為最靠近的停車場。ポケットパーク的展望台可將千枚田盡收眼底。另外，雖然一般民眾也可以行走於千枚田的田埂，不過坡度相當陡，請留意腳步。

所在地

白米千枚田最上層與最下層的高低
差約56m，相當於19層樓的大樓

 開車前來千枚田最為方便 交通

■ 從能登里山機場開車至白米千枚田約40分

白米千枚田
公路休息站 千枚田
ポケットパーク
日本海
曾曾木
窗岩
公路休息站
輪島ふらっと訪夢
石川縣
249
見附島
恋路海岸
開車約40分
能登空港IC
能登里山機場
九十九灣
249
穴水站
金澤
のと鉄道七尾線
七尾灣
0   15km

從公路休息站 輪島ふらっと訪夢（輪島站前巴士站）搭乘北
鐵奧能登巴士至白米巴士站約20分。1天雖然有8班車，不過
有些班次僅限平日行駛，請多留意。

✏ **探索能登的傳統與大自然** 行程範例

第1天	上午	**驅車往能登半島北方前進** 於能登里山機場租車，前往白米千枚田。
	下午	**登上展望台欣賞壯麗梯田景觀** 抵達公路休息站 千枚田ポケットパーク後，從展望台眺望白米千枚田。在公路休息站用餐、購物，再欣賞夕陽景色。當晚住宿於輪島市內的飯店。
第2天	上午	**逛早市、漆器店，開心暢遊輪島市區** 早起前往輪島早市，購買當地特產。接著走訪介紹在地祭典「切子燈籠祭」的切子燈籠會館、輪島漆器的店家等，認識輪島文化。
	下午	**沿著能登半島海岸兜風** 在沿著海岸修築的國道249號上快意兜風，並走訪窗岩、見附島等名勝。

🛏 住宿情報　住宿設施集中於輪島市區。距離白米千枚田15分鐘車程的曾曾木也有數間住宿設施。

65

獨特風土孕育出山村民俗與落人傳說
蘊含豐富文化與自然瑰寶的仙境村落

しいばそん

宮崎

所在地

椎葉村面積約540㎢，是全日本第
5大村莊。先人於崇山峻嶺間努力
開拓，奠定了今日生活的基礎

1. 山谷内少數僅有的平地也分布在聚落。紅葉時節風景尤其優美
2. 位在斜坡上的十根川聚落。石牆、梯田及橫長形的房屋形成了獨特景觀
3. 5月中旬之後會開始插秧。夕陽倒映在水田中的景色美不勝收

樣式獨特的屋舍是山村智慧的結晶
在地民謠至今仍傳唱著源平悲戀故事

椎葉村是位在九州山岳地帶中央的淳樸山村，村子的面積有9成是山地，狹窄的山谷及山坡上散布著許多小聚落。斜坡上築有石牆，座落著呈階梯狀的民宅及梯田，這樣的畫面可說是傳統日本山村的寫照。建在狹長形土地上的民家，採取的是所有房間排列成一橫排的獨特隔間。十根川地區至今仍保留了這種傳統特色，因而獲選為重要傳統建造物群保存地區。另外，秘境椎葉村也是平家落人（身份高貴之人因戰亂等而逃亡淪落至民間）的村莊，村內的上椎葉一帶還留有與平家相關的遺跡。這裡也還有火耕、「ひえつき節」民謠、椎葉神樂等豐富的民俗文化資產。被溪谷所包圍的整個村落便是一座名勝。

ⓘ 如何取得最新資訊

（一般社團法人）椎葉村觀光協會　☎0982-67-3139
🏠 宮崎県東臼杵郡椎葉村下福良1822-4

 欣賞傳統表演、品嘗秋季美食 季節／時間

1	2	3	4	5	6	7	8	9	10	11	12

椎葉村四季皆美，其中又以梯田及山林綠意盎然的6～8月、可欣賞紅葉及祭典，品嘗蕈菇類的10～11月最為推薦。11月上旬會舉辦椎葉平家祭，11月中旬～12月下旬各聚落則會上演椎葉神樂。春～夏季也可以來溪釣。

 做好規劃，玩起來更有效率 貼心叮嚀

椎葉村面積遼闊，並有尾前溪谷、仲塔溪谷、白水瀑布等眾多自然名勝。上椎葉地區為村子的中心地帶，在此過夜、由此出發前往村內各處，可以玩得更省時省力。觀光協會可幫忙介紹帶領遊客依推薦路線觀光的導遊（收費，需預約）。

絕景達人教你玩

椎葉先生（椎葉村觀光協會）

椎葉村地處九州中央山地國定公園內，是被群山及清流包圍的山村。公園內聳立著烏帽子岳等多座超過1000m的山巒，吸引了許多登山愛好者造訪。椎葉村同時也是民俗文化的寶庫，歡迎大家來這裡接觸椎葉的自然、文化、美食及人。

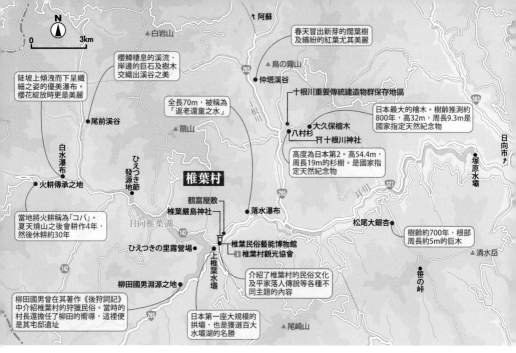

N

0 3km

白岩山

阿蘇

春天冒出新芽的闊葉樹及繽紛的紅葉尤其美麗

▲ 鳥の霧山

仲塔溪谷

櫻鱒棲息的溪流、岸邊的巨石及樹木交織出溪谷之美

十根川重要傳統建造物群保存地區

日本最大的檜木。樹齡推測約800年，高32m，周長9.3m是國家指定天然紀念物

陡坡上傾洩而下呈纖細之姿的優美瀑布。櫻花綻放時更是美麗

尾前溪谷

扇山

大久保檜木

八村杉

十根川神社

全長70m，被稱為「返老還童之水」

白水瀑布

火耕傳承之地

ひえつき節發源地

椎葉村

高度為日本第2。高54.4m，周長19m的杉樹。是國家指定天然紀念物

日本

日向市

塚原水壩

當地將火耕稱為「コバ」。夏天燒山之後會耕作4年，然後休耕約30年

日向椎葉湖

鶴富屋敷

椎葉嚴島神社

落水瀑布

松尾大銀杏

樹齡約700年、根部周長約5m的巨木

清水岳

ひえつきの里露營場

椎葉民俗藝能博物館

椎葉村觀光協會

上椎葉水壩

介紹椎葉村的民俗文化及平家落人傳說等各種不同主題的內容

笹の峠

柳田國男淵源之地

柳田國男曾在其著作《後狩詞記》中介紹椎葉村的狩獵民俗。當時的村長還擔任了柳田的嚮導，這裡便是其宅邸遺址

日本第一座大規模的拱壩，也是獲選百大水壩湖的名勝

尾崎山

 ## 放慢速度小心駕駛　　交通

■ 從阿蘇熊本機場開車至椎葉村約2小時
■ 從日向市站開車至椎葉村約1小時30分

豐肥本線　大分縣
△阿蘇山
阿蘇熊本機場　[開車約2小時]
松橋IC
熊本縣
椎葉村
宮崎縣
[開車約1小時30分]
218
北方IC
延岡站
延岡JCT
宮崎機場
日向市站
日向IC

0 20km

從宮崎機場開車過來約要3小時。日向市站1天僅有2班前往椎葉村的路線巴士，班次很少，而且若考量到在遼闊的村內的移動問題，基本上還是開車自駕最理想。村內道路狹窄，而且多為陡坡、急彎的山路，開車時請多加留意。

這樣玩更有意思♪

● 菜豆腐

十分有人氣的椎葉名產，放了蔬菜製作的豆腐看起來五彩繽紛，也更添口感。可做成涼拌或湯豆腐。

✿ 椎葉平家祭

每年11月第2週五～週日於上椎葉地區舉行，有重現了源氏的那須大八郎與平家的鶴富姬間悲戀故事，熱鬧華麗的大和繪卷武者遊行，以及各式各樣的傳統藝能表演。

親身體驗山里的傳統文化　　行程範例

第1天

上午　邊欣賞山林景色邊往村內前進
從阿蘇熊本機場開車前往椎葉村。

下午　認識村子的傳統與生活
走訪上椎葉地區的鶴富屋敷等名勝，並參觀位於斜坡上的十根川傳統聚落。當晚住宿在民宿或旅館。

第2天

上午　感受村子的大自然豐富魅力
參加製作菜豆腐等體驗活動，或是開車兜風到仲塔溪谷等地，享受森林浴或在河邊戲水等。

下午　伴手禮就選擇在地名產
購買椎葉蕎麥麵及菜豆腐等名產作為伴手禮，然後告別椎葉村，往熊本或宮崎方向出發。

精選推薦景點 ||||||||||||||||||||||||||

介紹源平悲戀物語的歷史建築

鶴富屋敷　つるとみやしき

 從椎葉村公所步行約5分

為源氏後代—那須家的住宅，也是鶴富姬與源氏的那須大八郎間悲戀故事的舞台。屋齡據說有300年，為國家重要文化財。

有帶來良緣的源平御守

椎葉嚴島神社　しいばいつくしまじんじゃ

從椎葉村公所步行約7分

奉命追剿平家的那須大八郎因憐憫逃亡至此、在山中偷偷度日的平家人，因而捐贈了與平家有深厚淵源的嚴島神社。

🏠 住宿情報　上椎葉地區約有10間旅館，以自然風景著稱的尾向地區則有許多家庭式民宿。

66

在茫茫白霧中若隱若現的
哥德式教堂與漁村風景

あまくさのさきつしゅうらく　　　　　　　　　**熊本**

天草崎津聚落

由於崎津聚落是構成「長崎教堂群與基督教相關資產」的重要元素，因此也正在爭取希望能列入世界文化遺產

融入漁村生活的教堂
一路走來見證了聚落的歷史

　　崎津是一處漁村聚落，中世以來由於是物流、貿易的要衝，曾繁榮一時。基督教在16世紀前來崎津傳教後，當地居民紛紛成為教徒，即使幕府下令禁教也依然維持著信仰。聳立在聚落中央的崎津教堂可說是此地基督教信仰的象徵。高聳尖塔與十字架在漁村民家之中格外顯眼，打造出獨特的景觀。

i 如何取得最新資訊

天草寶島觀光協會　📞0969-22-2243　🏠熊本縣天草市中央新町15-7(天草宝島国際交流会館ポルト)

寒冬早晨最容易起霧　　　　　　季節／時間

1	2	3	4	5	6	7	8	9	10	11	12

當地漁夫將瀰漫於海上的霧氣稱作「ほけぶり」，11～3月前後的寒冷清晨發生機率較高。如果不執著於欣賞霧中風景的話，一年四季都適合造訪閒適的崎津聚落以及來天草觀光，可以挑選自己喜歡的時候來。

眺望點與崎津教堂　　　　　　貼心叮嚀

與聚落隔著海灣的對岸是絕佳的觀景點。另外，搭乘崎津教堂前出航的遊覽船，或是從聚落爬500階樓梯上到山丘上的展望公園觀景也都很棒。由於教堂内是神聖的禱告處所，除了禁止攝影，參觀時也請勿在教堂内交談及使用手機。每週日的上午要進行禮拜，不開放一般遊客參觀。

所在地

在島上租車自駕是最方便的 交通

長崎縣
天草灘
三角站
天草機場
本渡港
五和町
島原灣
熊本縣
天草五橋
開車約1小時
天草切支丹館
上島
下田溫泉
下島
八代海
大江教堂
天草崎津聚落
牛深八雅大橋
熊本縣
九州新幹線
長島
鹿兒島縣
出水站
0 15km

▌從三角站開車至崎津聚落約2小時

▌從天草機場開車至崎津聚落約1小時

如果想一起玩包括崎津在內的天草各個景點，租車自駕是最方便的。建議在三角站周邊或天草機場等地租車。若要搭乘巴士在島上移動，由於某些路線班次有限，請先確認好行駛路線及時刻表。

來趟下島周遊之旅 行程範例

上午 從熊本一帶經天草群島前往崎津
第1天 在三角站租車往崎津前進。

下午 欣賞聚落景觀，於下田溫泉過夜
細細觀賞了崎津的景色後，參觀崎津教堂，以及距離這裡車程約10分鐘的大江教堂這兩座教堂，然後前往今晚住宿的下田溫泉。

上午 賞海豚、造訪天草切支丹館
第2天 天草市五和町是觀賞海豚的名勝，可以搭船出海，近距離觀看棲息於外海的野生海豚。之後再參觀展示了島原之亂及禁教時代地下活動等資料的天草切支丹館。

下午 行經上島，一路享受兜風樂趣開回車站
沿途經過ありあけタコ街道、風光明媚的天草五橋等地後回到三角站。也可以停留途中的景點走走看看。

67

人類活動與大自然完美合作
共同上演光與水的美麗夜景

ひがしうしろばたのたなだといさりび

山口

東後畑的梯田與漁火

農耕與漁業文化所孕育出
特定時間才看得到的絕景

　　長門市油谷的東後畑有著向日本海方向綿延的大片梯田，由於景色優美，也獲選為日本百大梯田。水田中放滿了水的5月中旬～6月上旬是最適合前來的時間。當夜幕逐漸低垂之際，在海面上釣花枝的漁船也開始點亮燈火，與泛著微光的梯田融合交織出如夢似幻的美麗景象。

i 如何取得最新資訊

| 長門市經濟觀光部觀光課 | ☎0837-23-1137 |
| (一般社團法人)長門市觀光會議協會 | ☎0837-22-8404 |

僅在初夏有緣欣賞到的絕景　　季節／時間

1	2	3	4	5	6	7	8	9	10	11	12

釣花枝船會在每年5～11月前後出海作業，但僅有5月中旬～6月上旬水田中放滿水、秧苗還沒有長大的這段時間，有機會看到梯田與漁火一同呈現的美景。耀眼的金黃色夕陽倒映在如鏡的水田上的景象也美極了。

有時得要碰運氣⋯　　貼心叮嚀

長門市的觀光情報網站「ななび」會時常公開、更新梯田的景象。另外，由於近年來漁船持續減少，出海的漁船數量也會隨花枝多寡而異，因此有時無法看到太多漁火。

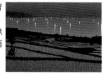

所在地

出海船隻多的時候會有數十艘
漁船作業。每年都會許多攝影
愛好者抓準時機前來拍照

 梯田附近有免費停車場　交通

■ 從美祢IC開車至東後畑的梯田約1小時

停車場車位有限，旺季時傍晚常常會沒有車位，建議早點前來
先將車停好。這裡要搭乘火車等大眾交通工具前來比較困難。

梯田周邊也有許多美景　行程範例

上午　從山陽端開車北上往長門市方向移動
於山口市內或下關租車後，驅車前往梯田。

下午　遊覽周邊名勝等待夕陽時分到來
白天可以先去有123座鳥居一
直延伸至海邊的元乃隅稻成神
社，以及從神社再往前的龍宮
之潮吹。在傍晚前到達梯田，
捕捉最美的瞬間。晚上住宿於
長門湯本溫泉。

第1天

上午　搭船眺望有「海上阿爾卑斯」之稱的青海島
搭乘從仙崎港出發的遊覽船欣賞被指定為國家名勝的
青海島。午餐別忘了品嘗著名的仙崎花枝。

下午　充滿古色古香浪漫氣氛的萩離這裡也不遠
開車往東約30～40分就可抵達以城下町著稱的萩。也
可以選擇再去觀賞梯田一次。

第2天

INDEX

Photo Credits

PIXTA
パレット：Cover
Fotolia
varts：P.2〜3

©与論町商工観光課:Cover,P.42〜43　　©北竜町ポータル:Cover,P.78〜79
©後藤 昌美:P.8〜9　　©環境省釧路自然環境事務所:P.10〜12
©(有)知床ネイチャークルーズ:P.12　　©吉岡 嘉之:P.24〜25
©くまもと写真館:P.25,50〜53,136〜137　　©佐賀県観光連盟:P.26〜27
©細野 省吾:P.32〜33　　©沖縄観光コンベンションビューロー:P.36〜37,40
©山本 英宜:P.43,203　　©立山黒部貫光株式会社:P.44〜49　　©釣井 泰輔:P.58〜59
©尾瀬保護財団:P.64〜67　　©片品村観光協会:P.66〜67　　©ファーム富田:P.71〜72
©香嶋 晃:P.76〜77　　©旭川市旭山動物園:P.79　　©西武鉄道株式会社:P.80〜81
©吉田 利栄:P.88〜90　　©佐々木 修:P.91　　©(一社)高梁市観光協会:P.92〜93
©岡山県観光連盟:P.93　　©(公社)今治地方観光協会:P.94〜97
©青ヶ島村役場:P.108〜109　　©東海大学海洋研究所(撮影:原田 誠):P.108〜109
©(一社)松島観光協会:P.110〜111,113　　©宮城県観光課:P.112〜113
©西ノ島町観光協会:P.114〜117　　©SASEBO:P.118〜119
©横手市観光協会:P.126〜127　　©有限会社 阿寒ネイチャーセンター:P.130
©NPO法人あしょろ観光協会:P.131　　©MUTYO:P.132〜133,138〜139
©平山 文規:P.137　　©山梨市:P.140〜141　　©やまなし観光推進機構:P.141,167
©白山市観光連盟:P.142〜143　　©公益財団法人 屋久島環境文化財団:P.146〜147,149
©屋久島町立屋久杉自然館:P.148　　©黒部峡谷鉄道株式会社:P.156〜157,159
©もちもち工房♪ 岡 靖久:P.170〜171　　©NPOひがし大雪自然ガイドセンター:P.174〜175
©上士幌町観光協会:P.175　　©kourijima.info kouyatakada:P.176〜177
©十和田市:P.186〜189　　©川村 雅之:P.188　　©十和田湖総合案内所:P.188
©摩周観光協会:P.190〜193　　©御宿かわせみ:P.194〜195
©白川村役場 観光振興課:P.198〜203　　©十日町市観光協会まつだい支部:P.204〜205
©上平 栄紀:P.212〜213　　©熊本県文化・世界遺産推進室:P.218〜219
©天草市 世界遺産推進室:P.219

写真協力

アオーネ白神十二湖，阿寒観光協会，阿蘇草千里乗馬クラブ，
阿蘇市観光協会，海士町観光協会，雨晴観光協会，アルプス観光協会，
伊根町観光協会，岩手県観光協会，裏磐梯観光協会，小国町役場情報課 観光係，
尾道市観光課，オホーツク・ガリンコタワー，葛城高原ロッジ，
上高地帝国ホテル，上高地ナショナルパークガイド，
上富良野町役場 産業振興課 商工観光班，関電アメニックス くろよん観光事業部，
桔梗屋，串間市役所 商工観光スポーツランド推進課，串本町観光協会，
九十九島パールシーリゾート，釧路観光コンベンション協会，
釧路市産業振興部観光振興室，釧路市動物園，
釧路町役場 経済部 産業経済課，熊野交通，黒部・宇奈月温泉観光局，
黒部市役所 商工観光課，げいび観光センター，甲府市観光課，
国営ひたち海浜公園，古座観光協会，御所市観光協会，佐渡観光協会，
座間味村役場 産業振興課，椎葉村観光協会，四季彩の丘，
志摩市 商工観光部 観光戦略室，下関市役所 豊北総合支所，昇仙峡谷ホテル，
昇仙峡ロープウェイ，知床財団，知床斜里町観光協会，知床ナチュラリスト協会，
知床羅臼町観光協会，西予市観光協会，西予市役所 経済振興課，
体験村・たのはたネットワーク，高千穂町観光協会，竹富町観光協会，
立山自然保護センター，秩父市役所観光課，
知夫村役場 観光振興課，津野町役場産業建設課，道東観光開発，
十津川村役場 観光振興課，富山県観光連盟，豊岡市役所 環境経済部 大交流課
今帰仁村観光協会，那智勝浦町観光協会，沼田市経済部 観光交流課，
ネイチャープラネット，八幡平市観光協会，美瑛町観光協会，
深浦町観光協会，別海町役場産業振興部商工観光課，
北海道旅客鉄道株式会社 旭川支社，松島島巡り観光船，
松島町産業観光課観光班，松本市山岳観光課，マリンパル呼子，
三重県観光連盟，無量寺・串本応挙芦雪館，屋久島町役場 企画調整課，
屋久島パーソナルエコツアー，横浜市役所 産業振興課，
吉野町 文化観光交流課，吉野山観光協会，礼文町役場，
礼文島観光案内所，礼文島観光協会，輪島市観光協会，PIXTA，ほか

※このほか、編集制作にあたり多くの方々・関係諸施設からご協力をいただきました。

國家圖書館預行編目資料

日本絕景之旅／K&B Publishers作；
甘為治翻譯. -- 第一版. --
新北市：人人, 2018.06
面；公分. -- （人人趣旅行；61）

ISBN 978-986-461-138-6（平裝）

1.旅遊　2.日本

731.7109　　　　　　　　107005744

CCY

【人人趣旅行61】

日本絕景之旅

作者／K&B PUBLISHERS
翻譯／甘為治
校對／黃渝婷
編輯／林庭安
發行人／周元白
排版製作／長城製版印刷股份有限公司
出版者／人人出版股份有限公司
地址／23145新北市新店區寶橋路235巷6弄6號7樓
電話／（02）2918-3366（代表號）
傳真／（02）2914-0000
網址／http://www.jjp.com.tw
郵政劃撥帳號／16402311 人人出版股份有限公司
製版印刷／長城製版印刷股份有限公司
電話／（02）2918-3366（代表號）
經銷商／聯合發行股份有限公司
電話／（02）2917-8022
第一版第一刷／2018年6月
第一版第二刷／2019年1月
定價／新台幣 450元

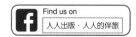

Find us on
人人出版・人人的伴旅

人人出版好本事
提供旅遊小常識＆最新出版訊息
回答問卷還有送小贈品
部落格網址：http://www.jjp.com.tw/jenjenblog/